F. E. Peiser

Zur Geschichte Abessiniens im 17. Jahrhundert

Der Gesandtschaftsbericht des Hasan ben Ahmed El-Haimî

F. E. Peiser

Zur Geschichte Abessiniens im 17. Jahrhundert
Der Gesandtschaftsbericht des Hasan ben Ahmed El-Haimî

ISBN/EAN: 9783743654457

Hergestellt in Europa, USA, Kanada, Australien, Japan

Cover: Foto ©ninafisch / pixelio.de

Weitere Bücher finden Sie auf **www.hansebooks.com**

Zur
Geschichte Abessiniens
im 17. Jahrhundert.

Der Gesandtschaftsbericht

des

Ḥasan ben Aḥmed El-Ḥaimî.

Uebersetzt

von

F. E. Peiser.

Meiner lieben Frau

Toni

gewidmet.

Vorwort.

Als ich im Jahre 1894 den arabischen Text des hier in Uebersetzung vorgelegten Berichtes herausgab, war ich mir wohl bewusst, dass ich mit dieser Publication viel Angriffspunkte bot; denn mir als Assyriologen, der ich nach Beendigung der Universitätsstudien und während meiner Lehrthätigkeit in Breslau die andern semitischen Sprachen nur sehr nebenher treiben konnte, musste der etwas verzwickte Stil des schriftstellernden Staatsmannes und Glaubenskämpen reichlich Fussfallen stellen, in denen ich mich ja auch oft genug gefangen habe. Durch eine ausführliche Einleitung, in der ich sonst weniger von „Arabisten" beachtetes Material zusammengetragen hatte, suchte ich, die Mängel in etwas auszugleichen. Kein Geringerer als Theodor Nöldeke hat meine Lage und mein Streben richtig gewürdigt. In seiner Besprechung meines Buches in den G. G. N. wies er mit jener gerechten Nachsicht, welche kleinere Geister so oft vermissen lassen, zwar darauf hin, dass ich zu sehr aus dem Arabischen herausgekommen sei und deshalb vieles verfehlt hätte, erkannte aber die Einleitung lobend an und schloss mit der Aufforderung, dass ich, wenn ich mich wieder mehr eingearbeitet hätte, den Bericht übersetzen sollte.

Dieser Aufforderung komme ich nunmehr nach, indem ich hoffe, durch meine Lehrthätigkeit an der Königsberger Universität stark auf die Beschäftigung mit den hauptsächlichsten semitischen Sprachen hingewiesen, besser im Stande zu sein, der mir gestellten Aufgabe zu genügen. Freilich, mit einem reinen Arabisten kann ich nicht concurrieren; dazu verlangt die Assyriologie zuviel Kraft und Mühe; aber wenn ich, wie ich hoffe, einen möglichst treuen und doch nicht ganz unlesbaren Text den Historikern und Geographen darbieten kann, so habe ich erreicht, was ich mir vorgesetzt habe.

Dankbar habe ich die freundliche Hilfe seitens des Herrn Professor Dr. G. Jahn hervorzuheben, der nicht nur die ersten zwei Bogen der Uebersetzung mit mir durchsprach und corrigierte, sondern mir auch gestattete, die Verbesserungen, welche er sich im folgenden Teile des arabischen Textes in seinem Exemplare notiert hatte, zu benutzen.

Da von der arabischen Ausgabe nur wenig Exemplare verkauft worden sind, die Einleitung aber auch für die Uebersetzung nicht ohne Wert ist, so habe ich mich entschlossen, sie statt eines Neudrucks, der nicht zuviel Veränderungen gezeigt hätte, vor dieselbe hier einfügen zu lassen. Deshalb muss ich einige Verbesserungen am Schlusse dieses Vorwortes geben.

Ferner ist einiges neue Material zu Tage getreten, das ich hier kurz festlegen will.

Zuerst ist die von J. Perruchon in der Revue sémitique 1898, 1. herausgegebene Uebersetzung der abessinischen Chronik zu erwähnen, welche die Regierung des Fasildas behandelt. Von unserm arabischen Gesandten steht nichts darin, wohl aber nach Manuscript B, dass im 16. Jahr Abba Lebsa-krestos starb und unter dem 17. Jahr (nach Manuscript C 16. Jahr), dass z w e i neue Bischöfe kommen (also nach der Absetzung des Ahûna), von denen der durch den Rebellen Abîto-Galâwdewôs gerufene, Abbâ Johannes, verbannt, der durch's Sennâr kommende, Abbâ Mikâ'el, eingesetzt wird.

Ferner fand ich in dem Berliner Manuscript Glaser 233 f. 49 r. die ausführliche, von seinem Neffen verfasste Biographie des Gesandten, dessen ausführlicher Name und Titel lautete:

المولانا وجدّنا الإمام العلامة المجاهد الخطيب حاكم الشريعة
الوزير الأعظم الزاهد الموتوى الأسد المتمنع شرف الإسلام الحسن
بن احمد بن صالح بني دعيش بن محمد بن حمزه الحيمى
اصلا ومولدا الكوكبانى حلا ومقعدا

Hiernach wird also seine Genealogie auf Ḥamza zurückgeführt, cf. dazu Vers 32 der ersten Ḳaṣide. Geboren war er in Ḥaima (hier mit den unpunktierten ح) in der Nähe von Kaukabân im Jahre 1017 d. H. Sein späterer Aufenthalt war Kaukabân. Als er seine Reise antrat, war er 40 Jahre alt. Die Biographie erwähnt dieselbe in folgender Weise: „Und zu dem, worin ihm das Schwerste auferlegt worden war, gehört das Hineinziehen in die Gegenden Abessiniens wegen einer Angelegenheit, welche er in seiner Reisebeschreibung expliciert hat, welche genannt ist: Weinberg der Lust und Freude der Ideen in den Wundern der Reise (حديقه النظر وبهجة الفكر فى عجائب السفر) Dies ist also der officielle Titel des Berichtes.

In dieser Biographie stehen unter anderen Gedichten auch die beiden Ḳaṣiden, welche aus unserem Berichte stammen. Die erste wird eingeführt durch die Bemerkung: „er hat sie auch (sie folgt hier nämlich der zweiten) in Abessinien verfasst bei seinem erwähnten König, indem er in ihr den Fürsten der Gläubigen, Elmutawakkil-ʻalaʼllâhi anstachelt zum Kampf gegen die Abessinier und zur Eile, gegen ihren König mit Cavallerie und Fussvolke zu fechten." Die zweite durch die Bemerkung: Er hat sie in Abessinien verfasst bei seinem bekannten und berühmten König, mit Namen Saggad Fâsildâs, König der christlichen Partei, indem er zu ihm von dem Fürsten der Gläubigen Elmutawakkil-ʻalaʼllâhi, Ismaʻil ben Elḳâsim ben Muḥammed gesandt war." Zu Saggad ist dieselbe weise Bemerkung gefügt, wie in unserem Bericht. Über die erste Gesandtschaft des Fasildas findet sich Näheres Glaser 147 fol. 239 in der Biographie des Imâms Elmuʼajjad-biʼllâhi. Darnach kam sie im Jahre 1052 im Monat Ramaḍân. Die Antwort des Imâms und dahinter der Brief des Fasildas sind dort der Biographie eingefügt. Eine Publication, zu der ich jetzt keine Zeit finden kann, wäre wünschenswert.

Zu dem, was ich vom politischen Standpunkt aus in meiner Einleitung gesagt habe, ist wenig hinzuzufügen. Was die Derwische des Sûdân gegen die Italiener nicht vermochten, scheint jetzt dem Negus von Abessinien gelingen zu wollen. Die materielle Grundlage ist dieselbe geblieben, wie vor zwei

Jahrhunderten; was Wunder, wenn das, was in unserm Bericht angedeutet ist, wie die frühere Auflage der jetzigen Ränkespiele erscheint.

In jedem Falle darf der Bericht des zwar etwas eitlen und selbstgefälligen, aber verständigen, tapferen und gutgebildeten Moslems jetzt wohl weiterem Interesse begegnen, wo die europäischen Nationen sich anschicken, um die afrikanische Schweiz zu werben. Unterschätzung des dortigen Culturzustandes hat zu dem beklagenswerten Fiasco der Italiener geführt. Vielleicht trägt die vorliegende Uebersetzung etwas dazu bei, sowohl vor einer solchen Unterschätzung zu warnen, als auch dem gegenteiligen Fehler, der so leicht sich anschliesst, maassloser Ueberschätzung vorzubeugen.

Verbesserungen zur Einleitung.

Seite IV$_1$ lies لِقَافَة, VII$_5$ da durch, IX$_5$ baumreiche für steinreiche.

Einleitung.

Der hier veröffentlichte Gesandtschaftsbericht, nur in der Handschrift M. 1958[1]) der Bibliothek Leiden vorliegend, giebt eine kurze Zusammenfassung der Ursachen, welche zur Entsendung des Gesandten führten, nämlich die zweimalige Bitte des Königs Fasildas von Abessinien an die Imâme von Jemen El-Mu'ajjad-billâhi und El-Mutawakkil-'ala-llâhi, ihm einen zuverlässigen Mann zu senden, mit dem er vertraulich verhandeln könne; dann die Erzählung der Hin- und Rückreise nebst ihren Fährnissen, und des Aufenthalts in Gondar[2]), sowie 2 dort gedichtete ḳaṣiden.

Die Persönlichkeit des Gesandten lässt sich mit Sicherheit feststellen, obwohl er in unserer Handschrift nicht genannt wird. In der jemenischen Kronik des Kibsî (Berlin Ms. or. q. 731 = No. 251 des Ahlwardtschen Verzeichnisses der Glaserschen Sammlung) findet sich fol. 61a Zeile 11 ff.:

وفى سنة سبع وخمسين وفد على الامام رسول ملك
النصارى بالحبشة وكان قد ارسل اولاً الى الامام المؤيَّد بالله
عام اثنتين وخمسين والف ووجّه هديّة من الرَّتيق والزَّباد
والبغال وسلاح الحبشة وضمّن جميعًا استدعاء رسول من

---

[1]) cf. Carlo Landberg: Catalogue de manuscripts arabes provenant d'une bibliothèque privée à El-Medina, No. 235; Prätorius in Z. D. M. G., XXXIX 403 ff.

[2]) Nach der angegebenen Reiseroute kann die nicht mit Namen genannte Residenz des Königs nur Gondar sein.

الامام لإفاضة ما فى نفسه من الكلام فطمع الامام فى اسلامه واستأنس ظاهر كلامه وانفذ اليه القاضى العلّامة الرّئيس الحسن بن احمد الخيمىّ صحبة رسوله فوصل اليه بعد مشاقّ هآئلة ومسائة طويلة وآنعكس ذلك الامل.

Offenbar eine auf Grund unseres Mscrpts verfasste Notiz; nur البغال findet sich dort in der Aufzählung der Geschenke (Seite 3) nicht. Ueber El-Ḥasan ben Aḥmed el-Ḥaimî ist das Werk seines Sohnes zu vergleichen Mscrpt. 85 der Glaserschen Sammlung (Die Gelehrten von Kaukabân und Ṣan'â') fol. 28a Zeile 8 ff. Dort findet sich رحل الى ارض الحبشة وسنّار, wobei anzunehmen ist, dass die Phantasie des Verfassers aus dem zweimaligen Vorkommen des Namens سنّار in unserer Handschrift einen irrigen Schluss auf die Ausdehnung der Reise bis dorthin zog.

Die Handschrift ist 1060, ein Jahr und fünf Monate nach der Rückkehr des Gesandten, vollendet worden; da die Glossen und Verbesserungen von einer mehr ausgeschriebenen Hand als der des Schreibers hinzugefügt sind, und da der Glossator, cf. S. 25**, 26**, 32**, offenbar einer der Teilnehmer der Gesandtschaft war, wahrscheinlich der Gesandte selbst, so schliesse ich, dass die Handschrift nach dem mündlichen Bericht[1] und den Notizen des Gesandten von einem seiner Secretäre oder Schüler verfasst und von ihm selbst durchgesehen und verbessert wurde. Unter diesen Umständen durfte wohl auch die Herausgabe des Berichtes auf Grund nur des einen Exemplars unbedenklich unternommen werden[2].

Freilich bleibt einiges unklar; so kann die von dem Schreiber offen gelassene Lücke für den Monatsnamen Seite

---

[1] daher in der ersten Person!

[2] Allerdings scheint nach Anm. *) auf S. 29 die Handschrift eine Copie zu sein, falls das dortigen Versehen nicht auf ein gedankenloses Copieren aus den Notizen des Gesandten zurückgeht.

5 nicht mit Sicherheit ausgefüllt werden, da die Wahl zwischen den Monaten Muḥarrem und Ṣafar offen bleibt, siehe unten. Ferner bietet gleich die erste Zeile des Berichtes grosse Schwierigkeiten. Ich vermute, dass vor fol. 1 noch ein Blatt vorhanden war, welches mit dem Namen des Imâms El-Mutawwakil-'ala-llâhi schloss, so dass sich an المنصور بالله القسم بن anfügt nun المتوكّل على الله بن بن محمّد؛ die Namen der Ahnen sind ausgelassen und ebenso ein zu erwartendes من آل, an welches sich رسول الله etc. zwanglos anfügte¹), vergl. hierzu die Genealogie bei Wüstenfeld, Jemen im XI. Jahrhundert, Seite 58.

Für die Person des Gesandten ist zu beachten, dass er von sich aussagt, er sei im Anfang des Rebî' I 1057, als der abessinische Gesandte ankam, kurz nach dessen Eintreffen von seiner dritten Wahlfahrt nach Mekka zurückgekehrt; da er nicht sicher war, in welchem der beiden ersten Monate von 1057 der abess. Gesandte in Šahâra anlangte, liess er den Platz für den Monatsnamen offen, was auf seine Gewissenhaftigkeit ein gutes Licht fallen lässt. Ferner, dass er bei der Annahme der ersten Gesandtschaft im Jahre 1052 nicht anwesend war, und die damaligen Vorgänge nur aus dem von dem gelehrten ḳâdî Aḥmed ben Sa'd-eddîn ben El-Ḥusein El-Maswarî²) vorgetragenen³) Bericht kenne.

Vom abessinischen König waren zwei Gesandte an den Imâm geschickt worden, nach Le Grand S. 147 ein christ-

---

¹) falls nicht doch بن رسول اللّٰه beabsichtigt war, woran niemand Anstoss nehmen wird, der die Namenreihen bei Landberg, cat. No. 403, Ahlwardt, Glaser'sche Samml. passim vergleicht.

²) so, nicht Miswarî (Wüstenfeld, Sprenger, alte Geogr.) nach Hamdânî und Bokrî. Landberg, Cat. No. 264 eine رسالة von ihm. Rutgers S. 214 Meswar. Glaser in Peterm. Mitteilungen 1886 S. 48 Maswar.

³) vor El-Mutawwakil-'ala-llâhi, also wohl aus Anlass der Beratung über die Fasildas zu gebende Antwort. Für Sa'd-eddîn cf. Wüstenfeld, Jemen Seite 64, 91.

licher und ein muhammedanischer. In unserm Text ist allein von dem letzteren die Rede, Elḥâġġ Sâlim ben 'Abd-'errahîm (Seite 35_{10}); die beiden Leute, welche zu den Veziren vorausgeeilt waren, um sie gegen die arabische Gesandtschaft aufzustacheln, werden in unserm Bericht als Begleiter des Sâlim bezeichnet; der erstere scheint nur auf Seite 29_2 erwähnt zu werden, da der dortgenannte „Gesandte des Königs" kaum mit Sâlim identisch war, dessen Rückkehr sonst wohl auf Seite 30_{11} ff. gemeldet worden wäre. Freilich ist zu beachten, dass nach Le Grand der christliche Gesandte schon gleich nach der gemeinsamen Ankunft in Beilul vorauseilte, um sich durch Verbreitung der Nachricht vom Kommen der Muhammedaner für die ihm in Jemen widerfahrene schlechte Behandlung zu rächen, während nach unserer Ansicht dies von Enderta aus geschah. Das letztere, also eine Combination der Angabe von Seite 35 und Le Grands mit der von Seite 29, dürfte für wahrscheinlicher erachtet werden, wenn man die Gefahren des Weges von Beilul ins Auge fasst. Immerhin wäre es denkbar, dass der christliche Gesandte dem vom Sultan Šuḥeim von 'Aina-Malî aus an den Statthalter von Enderta geschickten Boten (Seite 18) sich angeschlossen und dadurch einen Vorsprung gewonnen hatte.

Der Weg, den die erste Gesandtschaft des Fasildas im Jahre 1052 genommen, wird nicht genauer angegeben; da Mocha im Jahre 1045 von den letzten Resten türkischer Herrschaft befreit war[1]), so wird auch der Hinweg, wie der Rückweg Seite 3 f., über Beilul-Mocha gegangen sein. Gerade die Nachricht von der Vertreibung der Türken aus Jemen wird Fasildas, der sie als Nachbarn in Musawwa' genugsam kennen zu lernen Gelegenheit hatte[2]), eine hohe Meinung von der Macht des Imâms beigebracht und mit zu seinem Anknüpfungsversuch veranlasst haben. Von den

---

[1]) cf. Wüstenfeld, Jemen Seite 56.

[2]) Fasildas hatte immer einen Gesandten in Musawwa' und in Su-'âkin, cf. Legrand Seite 145.

Geschenken, die er beigegeben hatte, Waffen, Sclaven[1]) und Zibeth[2]), waren wenigstens die letzten beiden Arten[3]) gangbare Handelswaaren Abessiniens. Lebhafter Verkehr zwischen Mocha und Beilul wird sich trotz der Angabe auf Seite 4 noch nicht wieder herausgebildet haben, dadurch die Rivalität der Türken und Portugiesen im roten Meer der Handel sehr beunruhigt wurde. Zu dem Hass der Araber gegen die Türken, der bei Erwähnung der den abessinischen Gesandten nach Beilul geleitenden Kriegsmacht[4]) zum Ausdruck kommt, vergl. die Veranlassungen bei Wüstenfeld, Jemen 7, 10. Auch aus Bruce II, 127 geht hervor, dass die Verbindung der Araber auf beiden Seiten des roten Meeres durch die Türken unterbrochen war. Es lässt sich dies auch aus der Angabe auf Seite 5 entnehmen, wonach die Nachricht von dem am 27. Ragab 1064 erfolgten Tode des El-Mu'ajjadbillâhi erst Mitte 1056 — denn einige Monate wird man auf die Botschaft an den König über jenen Todesfall und die Ausfertigung des Briefes an den Nachfolger wohl rechnen müssen[5]) — an die Grenzen von Abessinien gelangte[6]).

[1]) cf. Rüppell I 193, Burckhardt S. 610.
[2]) cf. Burckhardt S. 425, Rüppell I 193 II 25 und vergl. Heuglin, Tagebuch Seite 130, wonach der Moschus aus Galabat nach Abessinien eingeführt wurde.
[3]) Zu den Waffen vergl. S. 39, wonach die abessinischen Grossen bei der ersten Audienz mit Schwertern von Sennár paradierten. Hierzu ist zu beachten, dass nach Burckhardt S. 411 in Schendy, von dort also wohl auch nach Sennâr, Solinger Klingen eingeführt wurden.
[4]) Unter den zugerüsteten Waffen werden dort الربارط genannt; nach Herrn Prof. Fränkel wohl umgebildet aus زرابط cf. زربطانة Dozy, Supplément I 584. Wohl = serpentino, Feldschlange.
[5]) Nach Seite 28 wird der Weg von Beilul nach der Grenze von Habeš auf einen Monat geschätzt; von Enderta nach Gondar und zurück brauchte der Bote des Statthalters (Seite 29) vierzig Tage.
[6]) Die Nachricht vom Tode des El-Mu'ajjad-billâhi scheint gleichzeitig mit derjenigen von der einige Zeit später erfolgten Anerkennung des El-Mutawakkil-'ala-llâhi als Imâm nach Abessinien gekommen zu sein. Für die dortige Kenntnis der arabischen Verhältnisse ist es bezeichnend, dass der abessinische Gesandte (Seite 10) auch Briefe und Geschenke an Mohammed und Ahmed, die Söhne Hasans bon Kâsim in San'â' (cf. Wüstenfeld Jemen S. 69, 71, vergl. auch dort S. 41), mit sich nahm, da ja ihr

Die Gesandten des abessinischen Königs waren von Africa aus nach Mocha gekommen; ihre Reiseroute in Jemen ist genau angegeben, und zwar: Mocha—Zebîd—Maur—El-'Amrûḫ[1])—El-'Ahnûm - Šahâra.

Zebîd war von 1039 bis 1055 in der Hand des Šerîf Hâšim, Präfecten von Beit el Fakîh, cf. Wüstenfeld, Jemen 54; ebenso Maur. 1056 ist augenscheinlich Tehâma vollständig unter der Botmässigkeit des Imâms El-Mutawwakil-'ala-llâhi.

El-'Amrûḫ ist zu identificieren mit dem auf Niebuhr's Karte (Beschreibung v. Arab. Kopenhagen 1772) erscheinenden Limruch. Zur Heranziehung des Artikels zum Lautcomplex des Namens cf. Lišmur (Niebuhr a. a. O. S. 251) gegenüber El-'Ašmur (Rutgers hist. Jem. S. 205).

Šahâra, die Burg des Imâms in seinem gleichnamigen Stammgebiet, wird als الزبدية (so zu punktiren!) bezeichnet; es schreibt sich diese Bezeichnung davon her, das in Šahâra der Hauptstützpunkt der Zeiditen war, cf. Niebuhr, Reisebeschreibung S. 18, 183 und Wüstenfeld, Jemen S. 121.

Nachdem der Imâm sich entschlossen hatte, dem Gesuch des Königs von Abessinien zu willfahren, traf er in betreff der Person des Gesandten seine Wahl, gab dem Erwählten ein Dutzend Flintenträger und 10 andere Soldaten mit und beauftragte seinen Gouverneur in Mocha mit dem sichern Transport der ganzen Gesellschaft nach Beilul. Am 1. Gumâda II erfolgte der Aufbruch von Šahâra, Mitte des Monats Ša'bân die Ueberfahrt von Mocha nach Beilul, welche 2 Tage dauerte. Der Aufenthalt in Beilul dehnte sich über 2 Monate aus, so dass der Ramaḍân dort verbracht wurde.[2])

Vater, der Bruder des El-Mu'ajjad-billâhi, der eigentliche Sieger über die Türken war, cf. Wüstenfeld Jemen S. 60.

[1]) so ist zu lesen; Anm. **) auf Seite 5 ist also zu streichen.

[2]) Die Schilderung der Danâkilstämme S. 13f.: nackt, freier Verkehr zwischen den Geschlechtern, Idiom weder arabisch noch abessinisch. Der Vornehmste sei mit 12 Frauen verheiratet. Dagegen gehörte der Sultan

Aus dem Bericht lässt sich der Weg von Beilul nach Gondar ziemlich genau verfolgen. Da derselbe selten genug beschritten worden, von Berichten über ihn nur der Lobo'sche vorliegt, so wird es angebracht sein, hier ein kurzes Itinerar folgen zu lassen.

Datum			Seite
8. Sawwal	1057.	Aufbruch von Beilul.	15
10. Sawwal	„	2 Tagereisen durch ebene, steinreiche Gegend[1]) zu Thälern zwischen hohen Bergen mit fliessendem Wasser; Elefantentränke.[2])	16
22. Sawwal	„	Nach 12 Tagereisen wird 'Aina-mali erreicht.[3]) Hier beginnt der Teil des Weges, auf welchem Gefahr von den Gallastämmen droht. Beschreibung der letzteren[4]).	16 f.

von Beilul zu einem arabischen Geschlechte, das in Abessinien sesshaft war und dort zu den vornehmsten zählte. Ueberbloibsel ausgedehntor abessinischer Macht und Herrlichkeit von früherer Zeit; vergl. auch Legrand S. 48, Bruce II 80 ff.

[1]) Lobo beschreibt seinen Weg zum Hof des Königs der Danâkil S. 48, 49 in ähnlicher Weise; doch ist anzunehmen, dass die Araber den Umweg über die Residenz des Ṣuḥoim nicht nötig hatten und daher in 2 Tagereisen bis zu dem Flüsschen kamen, zu welchem Wege die portugiesischen Mönche bedeutend längere Zeit brauchten.

[2]) Elephanten im südlichen Teil Abessiniens erwähnt bei Borelli, Ethiopie méridionale S. 372, an der Grenze von Habeš bei Lobo-Legrand S. 69.

[3]) Lobo beschreibt S. 54—56 den entsprechenden Weg so, dass er nach dem Aufbruch von der Residenz in mehreren strammen Märschen zu einem Bach, dann in einigen Tagen in eine Gebirgsschlucht eintrat, welche der einzige Weg vom Lande der Danâkil nach Abessinien wäre. Hier der Eingang wohl = 'Aina-mali. Zu dem Namen vergl. die ähnlich gebildeten Namen Dallaymali (Dalai-mali, Delemalla, Delama), Dinomali, Halimali bei Paulitschke, Erforschung der Adal-Länder S. 58, 64, 73, 74, 82.

[4]) Der Beschreibung unseres Arabers — kräftige Leute, zahllos beim Angriff, mit gewaltigem Kriegsruf, der allein zur Vernichtung der Christen genüge, ihr Vordringen auf allen Seiten von Abessinien — entspricht Lobo's Schilderung, cf. S. 56, 59, 66; 95, wonach der Platz, wo Christoph de Gama fiel, in der Hand der Galla war, 98, mit Bezug auf das Schreien. Vergl. auch Ludolf hist. Aeth. I $_{10}$.

Datum			Seite
22. Dul-Ka'da 1057		Aufenthalt von einem Monat in 'Aina-malî. Von Beilul war ein Bote an den Statthalter von Enderta, Aḥada Anbasa mit Beinamen Ba'la-Gâdda abgesandt, der nach 'Aina-malî die Antwort zurückbringt.	18
27. Dul-Ka'da	„	Šuheim kehrt, nachdem er noch fünf Stationen hinter 'Aina-malî mitgezogen war, zurück, nachdem er für die begleitenden abessinischen Kaufleute und den Gesandten, die sich über den Weg nicht einigen konnten, je einen Führer bestellt hatte.	18 f.
30. Dul-Ka'da	„	Nach 3 Stationen ein grosser Berg, zwischen diesem und einem anderen ein Salzwassersee.	20
3. Dul-Ḥiǵǵa	„	Aufenthalt von 3 Nächten, Löwen in der Nacht. Vorsicht in Bezug auf Feuer, um sich den Galla nicht zu verraten.[1]	20
4. Dul-Ḥiǵǵa	„	Eine Station bis zu einem Brunnen, wo für 2 Tage Wasser eingenommen wird.	22
5. Dul-Ḥiǵǵa	„	Wâdî mit fliessendem Wasser; hier trifft sie der von dem Statthalter von Enderta vorausgesandte Bote, der das Erscheinen ihrer Wachtfeuer schon am Ufer des Seees, aber vergebens, erwartet hatte. Von seinem Posten bis zum See zwei Courirtagemärsche.	23
9. Dul-Ḥiǵǵa	„	Nach vier Stationen Zusammentreffen mit dem Statthalter von Enderta.	25
14. Dul-Ḥiǵǵa	„	Nach fünf Stationen die Grenze von Habeš; Dorf zwischen zwei hohen	

---

[1] Für die verschiedenen Wege, die Furcht vor den Galla, die Salzgegend vergleiche Lobo-Legrand S. 56—59.

Datum		Seite
	Bergen am Fluss Wasama, Berg Kuḥl — Warte gegen die Gallas.¹) Von hier Bote an den König von Habeš, beim Beginn des Ḥiggafestes, welches in Ḥinṭalu — Antâlo (Salt's Karte) gefeiert wurde, wohin der Gesandte zusammen mit dem Statthalter von Enderta zog.²)	26 ff.
24. Muḥarram 1058.	Aufenthalt von 40 Tagen bis zur Rückkehr des an den König gesandten Boten; Ueberreichung des vom Imâm hierfür bestimmten Briefes und Ehrenkleides an die dort wohnende Šâfi'itische Familie Kebîrî Ṣâliḥ.	29 f.
27. Muḥarram ..	Drei Stationen bis zur Grenze von Enderta und Saḥrat - Saḥarte (Salt's Karte).	31
2. Safar „	Fünf Stationen bis Abar-kalî — Abergale (Heuglin's Karte); der Takazze,³) ohne Namensnennung, als zum Flussgebiet des Nil gehörig.	32 f.
9. Safar ..	Sieben Stationen bis zum Gebiet der Falaša.	33
21. Safar ..	Zwölf Stationen durch das Gebiet der Falâša,⁴) dem Thal Uġna am Berge Sumain, und von Amḥara⁵) bis in die Nähe der Königsstadt.	33 f.

¹) cf. Lobo-Legrand S. 60, der das Gebiet als Duan bezeichnet.

²) Zu المراودي (= Maravedi), welches die Araber hier als Zahlungsmittel benutzen, vergl. Rüppell II 24 Maraudi = blaugefärbtes Baumwollenzeug, Combes et Tamisier I 104 Maraoudi von Zebîd oder Beit el-Fakîh.

³) Salt S. 281 erwähnt nach Pearce eine Furt des Takazze zwischen dem südlich von Avergale gelegenen Gebiet und Simen; freilich stimmen seine Angaben über die Breite des Flusses (300 Yard) nicht zu den arabischen (100 Ellen).

⁴) Die Angaben unseres Arabers über die Falaša bestätigen die Notiz bei Bruce II 103.

⁵) Zur Wiedergabe dieses Namen vergl. Prätorius Z.D. M. G. XXXIX406. Leider wird nicht angegeben, wieviel Stationen im Gebiet der Falaša und wieviel in Amḥara selbst gemacht wurden.

Datum			Seite
22. Safar	„	Vorstadt von Gondar; von dort Meldung an den König.	36
24. Safar	„	Am zweiten Tage Antwort des Königs.	37
25. Safar	„	Einzug in die Königstadt.[1]	37 f.

Nach Angabe des Gesandten fiel der Einzug auf den letzten Freitag im Safar, d. i. 25. Safar 1058. Der Aufenthalt der Gesandten in Gondar dehnte sich bis zum Ende des Monats Dul-Ka'da, also 9 Monate aus. Der Gründe für dieses lange Verweilen führt unser Bericht folgende zwei an. Einmal hätte der König sie hingehalten, zweitens aber das Eintreten der Regenszeit. Was den letzteren Grund anbetrifft, so ist er hinreichend für die Monate Ende Rabî' I bis zum Ramaḍân[2]. Dass die Abreise nicht vor dem Ende des Ramaḍânfestes begonnen worden wäre, selbst wenn sonst nichts im Wege gestanden hätte, ist wohl sicher anzunehmen. Bleibt die Verzögerung während der Monate Šawwal und Du'l-Ka'da. Aber auch schon das Hinhalten bis zum vollen Eintritt der Regenszeit war von dem Gesandten als ein solches angesehen worden, das ihn einen besonderen Grund des Königs vermuten liess.

Welches war nun dieser Grund? Und ergab er sich aus der eigentlichen Absicht, die den König zum Versuch veranlasste, eine Verbindung mit dem Imâm herzustellen? Prätorius a. a. O. S. 408 und 410 nimmt mit Le Grand an, das Fasildas thatsächlich an die Annahme des Islam

---

[1] Legrand S. 163 bestreitet gegenüber Ludolf, dass Gondar neben Aksum Residenzstadt gewesen sei; mit Unrecht, wie aus unserem Bericht hervorgeht. Vergl. auch die arabische Beschreibung der Stadt mit ihrem auf dem höchsten Punkt belegenen Königsschlosse, dessen Erbauer ein Inder war, mit ihrem Mohammedanischen Quartier und ihrer vor der Stadt auf dem Wege von Simen her belegenen mohammedanischen Vorstadt gegenüber Rüppell II 78ff, Heuglin, Reisen in Nordostafrika, Seite 49f. Freilich scheint Gondar erst durch Fasildas zur Residenz erhoben worden zu sein, was dann vielleicht auch das Fehlen des Namens in unserm Berichte erklären könnte.

[2] Bruce II 7: der Winter in Abessinien = April — September; II 17 die Regenszeit macht allen Unternehmungen ein Ende. cf. Lobo-Legrand S. 80: Mai — September, die eigentliche Zeit von Mitte Juni — Anfang September. — Es handelt sich vor allem um die Uumöglichkeit, die Flüsse zu passieren.

gedacht, sich nur durch die Furcht vor einer Rebellion habe abhalten lassen, aber doch längere Zeit die Gesandten hingehalten hätte, um etwa einen geeigneten Zeitpunkt abzuwarten. Mit Ludolf, der schon aus inneren Gründen gegen die Auffassung und Nachricht des Tellez polemisirt hat, halte ich trotz der jetzt bestätigten Angabe über die Gesandtschaft nach Jemen, diese Auffassung von vornherein nicht für wahrscheinlich. Der nun vorliegende Bericht giebt aber auch eine Reihe von Indicien, die zu einem anderen Schlusse führen:

Auf die erste Gesandtschaft des Fasildas war eine ausweichende Antwort erteilt, sein Gesandter mit Geschenken zurückgeschickt worden.

Seiner wiederholten Bitte wird nachgegeben; ein angesehener Gelehrter, der jedenfalls auch als tapfer und kriegerisch bekannt war[1]), ward mit einer Leibtruppe an ihn abgesandt. Dank dieser Truppe und ihren Gewehren werden die Gefahren des Weges von Beilul nach Abessinien überwunden; zu beachten ist hierfür auch die Aeusserung des Sultan Suḥeim S. 18.

Der König empfängt den Gesandten in grosser wie in kleiner Audienz; in keiner von beiden lässt er auch nur durch eine Andeutung vermuten, dass er an die Annahme des Islams gedacht.

Die Verzögerung der Rückreise entsteht aus dem Wunsche des Gesandten, über Musawwa' statt über Beilul zurückzukehren, während der König unter allen Umständen die Rückkehr über Beilul wünscht[2]).

---

[1]) In der erwähnten Biogr. (Glasersche Samml. Mscrpt. 85) werden seine (späteren) Kämpfe in Ḥadramaut und Šiḥr (— der Küste zwischen Oman und Aden) erwähnt.

[2]) Zu dem Weg über Beilul siehe in Ludolf comm. 538 Fesildas Bemerkung in seinem Brief an den Patriarchen Mendez: Praeterea audivimus, quod desideravitis proficisci per Regnum Dancalae ad portum Baylurensem. Sed nemo unquam illa via venit praeter Patriarcham. Nam omnes Lusitani et Patres, a primo illorum introitu usque ad hoc tempus, semper venerunt per Matzuam. Portus enim Baylurensis subjectus est Regulo Dancalensi, et non Turcis.

XIV

Da der König sieht, dass der Gesandte von seinem Wunsche nicht abzubringen ist, sucht er Leute von der Schutztruppe zum Bleiben zu gewinnen [1]). Der Paša in Su'âkin ist durch die Nachricht, dass die Araber von Beilul nach Abessinien gelangt sind, aufs höchste beunruhigt, so dass er express eine Vertrauensperson nach Gondar schickt, und unterstützt dieselben in jeglicher Weise, sobald er erfährt, dass sie über Musawwa' zurückkehren wollen [2]).

Der Eindruck auf die christlichen Abessinier war augenscheinlich der, dass der König eine Verbreitung des Islam begünstigen wollte [3]). Durch die geheimnissvoll abgefasste Botschaft war auch der Imâm zu diesem Glauben gebracht worden. Sein Gesandter reiste ab mit dieser Voraussetzung, fühlte sich bestärkt in derselben durch die beiden Geschichten des Claudius und des Abuna, welche ihm unterwegs zugetragen wurden, und fühlte dann doch trotz seines Vorurteils in dem persönlichen Verkehr mit dem König heraus, dass er

---

[1]) Betreffs des Festhaltens, wie es von den Abessiniern geübt wird, giebt unser Bericht Beispiele von Leuten aus Aussa (= Aussa-gurreli cf. Paulitschke Adalländer), Sennâr und von den Türken. Vergl. dazu Bruce II 106 aus Anlass des Berichts über Covilhan, Salts Mitteilung über seinen Begleiter Pearce etc.

[2]) Die jährliche Ausfuhr von Abessinien nach Musawwa' hatte noch zu Rüppells Zeiten (Bd. I 193) 208,500 Speciesthaler Wert; das stimmt ungefähr, bei einer Annahme von 10%, Wertsteuer, zu der Angabe von Combes et Tamisier I 104, dass der Zoll von Musawwa' 25—30000 Thaler einbringe. Vergl. Rüppell I 191 Gesammtzolleinnahme — 40000 Speciesthaler und Wert sämmtlicher in Musawwa' eingeführter Waaren 400 000 Speciesthaler (hier Ein- und Ausfuhr; denn es handelt sich nur um den Verkehr von Abessinien einer- und Jemen und Hedjas andererseits, cf. Rüppell I 189, 195). Der Paša hatte also ein sehr lebhaftes Interesse daran, dass Abessinien sich nicht einen anderen Weg zum Meere öffne.

[3]) Dieser Eindruck wohl unterstützt dadurch, dass die Araber in Enderta einen Proselyten gemacht hatten, ferner dadurch, dass sie den Schutz zweier Kinder übernahmen, deren Mutter, eine zum Islam übergetretene Christin und abessinische Frau eines Moslem in Musawwa', wieder zum Christenthum zurückkehrte.

sich geirrt habe, ja dass die Oeffnung des Weges über Beilul wohl der wirkliche Zweck wäre.

Was nun den Zusammenhang der Ermordung des Claudius mit der Entsendung der zweiten Gesandtschaft betrifft, so ist dieser einfach durch eine chronologische Erwägung als unmöglich zu erweisen. Nach Basset's Chronik ist die Ermordung im 15. Regierungsjahre des Königs, also sicher nach dem 22. Dul-Ka'da 1056, erfolgt; nach unserer Rechnung oben muss die Entsendung der zweiten Gesandtschaft vor der Mitte des Jahres 1056 stattgefunden haben. Ein gleiches gilt von der Absetzung des Abuna Marc, welche nach Le Grand S. 153 den in Mocha festliegenden Portugiesen im August 1649 (Ša'bân 1059) zugleich mit Bestätigung der Nachricht vom Tode des Claudius mitgeteilt wird.

Der Schluss liegt jetzt nahe. Gerade auf den Weg von Beilul bezog sich die Absicht des Königs. Und wohl verständlich ist es, warum er an den Imâm von Jemen sich wandte, ohne seinen Hauptzweck zu verraten.

Die Bekanntschaft mit den Feuerwaffen wirkte in gleicher Weise im Orient, wie Jahrhunderte vorher im Occident. Das Ritterwesen, die ganze Art des Kriegführens, die Verteilung der Machtverhältnisse, alles wurde geändert, als die Flinte in Function trat[1]). Durch die Unterstützung türkischer Flinten hatte der Sultan von Adel Abessinien bewältigt; Portugiesische Musketen hielten die arabischen Eindringlinge in der afrikanischen Schweiz so lange im Schach, bis das Vordringen der Gallastämme beide Parteien zum Waffenstillstand und zur Abwehr gegen einen dritten, mächtigeren Feind zwang.

---

[1]) „Aber diese Ursachen machten mich so gross, dass jetziger Zeit der geringste Rossbub die allortapfersten Helden von der Welt todtschiessen kann; wäre aber das Pulver noch nicht erfunden gewesen, so hätt' ich die Pfeife wol im Sack müssen stecken lassen." Simplicius Simplicissimus (Reclam S. 225). Vergl. in unseren Bericht den Eindruck, den ein Schuss auf die Beduinen und auf die Abessinier von Enderta machte, ferner Ludolf hist. II 7,43, Le Grand 23, 47, Bruce II 125 f., 144, 166, Burckhardt 385 ff., 626, Rüppell I 385.

Gegen den Portugiesischen Einfluss, der von Indien bis Suez reichte, ward türkische Macht mobil gemacht. Auf dem Wege nach Indien reizte Jemens Besitz, dessen Erlangung bei den Streitigkeiten der einheimischen Fürsten und Stämme ein leichter Spiel schien, als Kämpfe in Indien. Die türkischen Flinten waren siegreich und hielten die Araber im Zaum, bis diese selbst mit den Feuerwaffen vertraut waren; dann aber wurden die Türken aus Jemen herausgedrängt.

Während dieser Zeit hatte der politische Einfluss der christlichen, portugiesischen Macht im roten Meer nachgelassen, obwohl der Handel wohl noch teilweis in den Händen portugiesischer Schifffahrer lag, cf. z. B. Simpl. S. 616; und da der abessinische König sich bemühte, an Stelle des von den Türken besetzten Ausgangspunkts Abessiniens, Musawwa', einen anderen zu finden, dieser aber, über Beilul bei der Nähe der feindlichen und gefürchteten Galla nur mit Hilfe von Flinten zu öffnen war, so versuchte er, eine Verbindung mit dem Imâm von Jemen anzuknüpfen, dessen General in Mocha in natürlichem Verkehr mit dem zu Abessinien in engeren Verhältnis stehendem Sultan von Beilul sich befand. Dazu kam wohl die Hoffnung, der immer drohenderen Gefahr von Seiten der (Galla[1]) mit Pulver und Blei begegnen zu können[2]).

Hätte Fasildas nun offen seinen Wunsch dem Imâm von Jemen ausgedrückt, so würde er kaum auf viel Interesse gestossen sein. Durch die von ihm veranlasste Selbsttäuschung des Imâm erreichte er zum wenigsten, dass eine starke Gesandtschaft auf dem ersehnten Wege nach Abessinien kam. Dabei fiel noch ein kleiner Vorteil für ihn ab; bei den heftigen Streitigkeiten der Christen untereinander, die durch den Einfluss der Jesuiten veranlasst waren, fühlte sich Fasildas gewiss nicht sicher genug; wenn er die ent-

---

[1]) 1650 erfolgte ein Einbruch der Galla von drei Seiten, Le Grand S. 155 f.

[2]) Dass die Abessinier nur wenig Feuerwaffen hatten, und dass sie sich ihrer nicht bedienen konnten, sagt Le Grand S. 256.

fernte Möglichkeit auftauchen liess, mit muhammedanischen Gelehrten in Verkehr zu treten, sich von ihnen vielleicht gar gewinnen zu lassen, so musste das, bei der Macht und dem Reichtum der Moslem in Abessinien, den adligen Herren und Würdenträgern des afrikanischen Kaiserreiches eine drohende Mahnung sein, die Dinge nicht auf die Spitze zu treiben. Man sieht, es war ein schlau eingefädeltes Ränkespiel, das aber seinen tieferen Grund in der klaren Erkenntnis dessen hatte, was für Abessinien das Lebensinteresse war, freier Verkehr nach dem Meere. Müssige Frage, ob denn Fasildas auch der Mann war, solch weitaussehenden Plan zu fassen. Einmal erscheint er nach allem, was wir wissen, als ein tüchtiger, kluger Mensch, als bedeutender Herrscher; dann aber war es eben ein materielles Interesse, das ihn vorwärts drängte, genau dasselbe, welches kürzlich die Derwische des Sûdân wider die feuerspeienden Colonnen der Italiener bei Agordat trieb, als sie zur Eroberung von Musawwa' auszogen.

Nachdem die Mission des Gesandten wenigstens in seinen Augen gescheitert war[1]), setzte er es nach vieler Mühe durch, über Musawwa' nach Hause entlassen zu werden. Fasildas bestimmte ihm drei Beamte, die für die Verpflegung während des Durchzugs durch je eine Provinz Sorge tragen sollten. Der erste, wohl für Amḥara und die westlich von Simen bis zum Takazze liegenden Provinzen bestimmte, erfüllte seine Pflicht während des 10 Stationen dauernden Zuges. Der zweite verlässt die Araber in der 2. Nacht, um ihnen voranzuziehen und das vom Könige für sie Angeordnete für sich einzuziehen. Es handelt sich hier wohl um Tigre, das die Araber von Dorf zu Dorf in 25 Stationen durchziehen, indem sie halb mit Gewalt ihren Unterhalt eintreiben, Träger und Geisseln nehmen. Endlich langen sie im Gebiet von Debaroa an, in welchem das Amt des dritten Beauftragten beginnt, welcher sie in ausreichender Weise zum Zuge nach Musawwa' ausrüstet. Zu bedauern

---

[1]) Siehe auch den Schluss des aus der Chronik oben citierten Berichtes.

ist es, das unser Bericht über die durchzogenen Gegenden vollständig schweigt, sogar nichts über die passierten Flüsse bemerkt. Von Debaroa bis Musawwa' ist das Gebiet unabhängiger Stämme zu durchqueren, welche in der dort üblichen Weise einen Wegzoll zu ertrotzen suchen. Durch rechtzeitige Mitteilung an den türkischen Gouverneur wird dies verhindert, sodass die Araber ohne Verlust in Musawwa' einziehen. Der Imâm hatte schon im Interesse seiner Gesandtschaft den türkischen Behörden geschrieben, woraus hervorgeht, dass in diesem Jahre wenigstens ein gewisser Friedenszustand zwischen den einst bitter kämpfenden Parteien herrschte [1]). Mit einem grösseren und drei kleineren Schiffen (جلبة = Gelve, Le Grand S. 43, 85) treten die Araber ihre Rückreise an, passieren die Insel Dahlak, wo sie vier Tage durch ungünstigen Wind aufgehalten werden, und treffen, nachdem sie einen heftigen Sturm überstanden hatten, wohlbehalten in Lohajja ein. Am 4. Rebî' I 1059 gelangen sie endlich nach Šahâra.

---

[1]) Le Grand S. 153 berichtet für das Jahr 1649 von einer Verstimmung zwischen dem Pašu von Musawwa' und dem Gouverneur von Mocha.

.... [des Sohns]
1.¹) des Elmanṣûr-bi'llâhi Elḳâsim ben Muḥammad ben rasûlullâhi, ihn und sie alle segne Gott. Es ist dies eine vollständige Sammlung (= ein Satz), die da in sich fasst detaillierte Teile, deren Bestandteile bestimmt werden müssen (= dessen Mubteda und Ḫabar bekannt gemacht sein müssen), und die Auseinandersetzung dessen, was der Fragende (zu erfahren) wünscht sowohl von ihren wunderbaren Geschichten als lehrhaften Beispielen. Und ich war ihm darin zu Willen, indem ich seiner Absicht den Vorzug gab und dabei das ausführte, was mir oblag an Pflichten der Freundschaft gegen ihn, und was ich hoffe von der Erhebung der hochsinnigen Bestrebungen der Leute der Unberühmtheit (d. i. des Verfassers). Denn der Antrieb, gewaltige Gefahren zu unternehmen, beruht in dem Gehorsam gegen Gott und die Imâme²) des Propheten. Und ich denke dabei an das Gedicht des Ḥusein ben Ali Elfaḫi, wo er sagt:

Nach Gutem streb' ich offen und geheim,
Verwerfend, was verwerflich, rechtes wählend.
Drum freu ich mich des Manns von edler Herkunft,
Der, wenn man ihn zum Guten ruft, bereit ist
Mit anzugreifen bei den guten Thaten,
Und den es schlechte zu verbessern drängt.

Und es ermutigte mich auch, das Folgende auf diesen Blättern niederzuschreiben, dass es nicht zu den Büchern gehört, die da übermässige Bemühung erfordern, oder gar zu den Werken, an die sich die Kritik des Kritikers zu machen pflegt, da ja zu seiner Berichterstattung weder die

¹) Die Zahlen entsprechen den Seitenzahlen meiner arabischen Ausgabe.
²) Glosse: Familie.

Kenntnis der Ueberlieferung mit und ohne Berufung auf eine 2. Autorität erforderlich ist, noch 2. (die Kenntnis) dessen, was da an Unterbrechung und Schwierigkeit und an anderen von den sonstigen Mängeln krankt, bei deren Vorhandensein der (erforderliche) Grad der Fehlerlosigkeit und Vollkommenheit nicht erreicht werden kann,[1]) noch gar die Kenntnis der Chirurgie oder die Kunst, die Zustände der Menschen ins Gleichgewicht zu bringen[2]); sondern es sind nur Erzählungen von Dingen, die durch die Sinne begriffen und durch das Gesicht wahrgenommen werden, worin die Gesammtheit der Menschen einander gleich steht. Und deswegen bin ich nicht in das Sprichwort mit einbegriffen: „Wer ein Buch schreibt, ist eine Zielscheibe"; aber doch hoffe ich, dass es durch die gute Absicht, die ich erstrebt und auf Grund wovon ich es geordnet und construirt habe, die Wissenschaften der Religion erreiche, und dass seine Spur unter den Späteren mit wahrhaftiger Zunge rede. Denn die Handlungen sind nur nach den Absichten (zu beurteilen), und jedem Manne (ist anzurechnen), was er erstrebt hat.[3]) Gott aber bitte ich um Leitung und Gelingen, und zu ihm nehme ich meine Zuflucht, auf dass ich nicht zu denen gehören möge, welche die Leidenschaften mit sich fortreissen, um sie dann in weit entfernten Orten herabfallen zu lassen. Denn er ist der, dem Frömmigkeit gebührt und der Verzeihung zu Teil werden lässt, der Spender des Segens in dieser Welt und der kommenden.

Erwähnung des Grundes, welcher die Unternehmung dieser „Reise zum König der Abessinier" veranlasste.

Und hier beginnen wir mit der Erwähnung des Grundes, welcher diese erheischte; und der bestand darin, dass derjenige König, welcher in der Gegend der Abessinier bekannt war als der in ihrer Sprache genannte Saggad[4]) Fasildas, Sohn des Sultans Saggad[5]) Susnejos — und zwar ist die

[1]) Also niedere und höhere Kritik!
[2]) Medicin.
[3]) Cf. Buḫâri I 1, 1. Erste Hälfte eines von Omar dem Propheten in den Mund gelegten Ausspruchs. Vergl. auch ebenda 2. 41.
[4]) Äthiopisch = Kaiser.
[5]) Seltûn-Saggad.

Bedeutung von Saggad nach dem, was mir einer, der ihre Sprache kannte, sagte: „reich an Anbetungen", und die Bedeutung von Susnejos, (dass es gehöre) zu den Namen des Schöpfers, er ist hoch und erhaben, in ihrer Sprache — zu unserem Herrn und Imâm, dem Emir der Gläubigen und Fürsten der Moslem und Vernichter der unheilstiftenden Sectirer Elmu'ajjad-bi'llâhi, (des Herrn der Welten)[1]) Friede und Barmherzigkeit und Gnade Gottes (sei) über ihm, einen Gesandten von den Moslem dieser Gegenden im Jahre 1052 gesandt 3. und mit ihm ein Geschenk von Sclaven und 3. Zibeth und Waffen Abessiniens geschickt und in seinen Brief die Bitte eingeschlossen hatte um einen von den Notabeln des Imâm, der zu ihm komme.

Aber nicht hatte ich persönlich das eigentliche Geheimnis dieser Begebenheit, noch das Wissen davon prüfen können, sondern ich erfuhr dies nur aus der Erzählung unseres Fürsten, des gelehrten Ḳâḍî's, der Perle und dem Wahrzeichen der Gelehrten der Šia, des Juwels des Halsbands der Helfer des Ḥalifats und des Imâmats, der Sonne des Glaubens und der Religion Aḥmed ben Sa'd-eddîn ben Elḥusein, aus Maswar, Gott mache seine Tage lang, indem ich ihn das unserem Herrn Elmutawakkil-'ala-'llâhi, Gott, der Erhabene, stärke ihn, dicticren hörte. Aber es gehörte zur Summe seiner Erzählung, dass er sagte: „Siehe unser Herr Elmu'ajjad-bi'llâhi, Friede Gottes sei über ihm, hielt es nicht für gut, dem Wunsche dieses Königs, ihm einen Mann zu senden, eilig vor einer von ihm ausgehenden nochmaligen Wiederholung der Correspondenz zu willfahren. Er sagte (nämlich): „Wenn von ihm ein anderer Brief nach diesem kommt, dann kann es nicht schaden, seinem Wunsche zu entsprechen." Und es ward die Ansicht befestigt, ihm zwar zu antworten, aber mit (der Entsendung) des aus der Mitte der Gefährten des Imâm gewünschten Gesandten noch zu warten. Da schrieb unser Herr Elmu-'ajjad-bi'llâhi die Antwort für den König und sandte ihm ein schönes Geschenk und eine köstliche, ihm zuträgliche Gabe.

---

[1]) Apposition zu dem einen Teil des Namen bildenden Allâh.

Und es kehrte sein Gesandter von seiner Gnaden dem Imâm Elmu'ajjad-bi'llâhi zurück, sie lobend mit der Zunge des Lobens, voll von der Blüthe dieser Vorzüglichkeit und Erhabenheit. Und er reiste von der Seite des Hafens von Moḫa, Gott schütze ihn, zurück, indem unser Herr, der Fürst der Gläubigen, Elmu'ajjad-bi'llâhi, 4. Gott heilige sein Grab, dem Statthalter in dem wohlbewahrten Hafen befohlen hatte, dass er die vorbereiteten Schiffe zugleich mit der Gesammtheit der Wachttruppen in diesem Hafen ausrüste und die Kriegsrüstung in diesen Schiffen, nämlich Kanonen und Feuerschlangen zugleich mit ausgewählten Flinten als Waffen für das siegreiche Heer in Bereitschaft setze, und zwar wegen der Furcht vor den Türken, die (sich befanden) auf der Seite von Su'âkin und dem Hafen Musawwa', Gott mache sie verächtlich und schneide ihre Wurzel ab. Und die Ausrüstung von Seiten des Statthalters im Hafen fand auf Grund dieser Bestimmung und im Einklang mit dieser Verordnung statt; und sie brachten ihn zum wohlbekannten Hafen Beilûl, dem Gebiet des Sultans Šuḥeim ben Kâmil, aus Dankal. Das Heer aber kehrte durch Gottes Gnade und Beistand wohlbehalten zurück, ohne das ihnen etwas von Seiten der Gegner zustiess." Und es begab sich der Gesandte des Königs der Abessinier zu seinem Herrn mit diesem Geschenk und der Antwort für ihn, gemäss dem, was er[1]) erwähnt hatte.

Im Jahre 1053 nun und den folgenden bis zum Jahre 1057 war der erwähnte Gesandte abwesend von hier. Darauf sandte der erwähnte König unserem Herrn, dem Fürsten der Gläubigen, Elmu'ajjad-bi'llâhi, der Segen Gottes sei über ihm, wiederum einen anderen Brief, nebst einem anderen Geschenke und drängte um den Mann, dessen Kommen zu sich er erbeten hatte, und erwähnte in seinem letzten Briefe als seine Meinung, dass das geschenkweise Austauschen von Gütern nicht der eigentliche Zweck sei, sondern nur ein Nebenmittel, um zur Erreichung des Zieles zu gelangen, das darin bestehe, den Mann zu entsenden, „dessen Kommen wir be-

---

[1]) nämlich Ahmed ben Sa'd-eddin.

gehrt haben". Aber es war das Hinscheiden unserers Herrn
Ellmu'ajjad-billâhi und sein Eingang 5. zum Wohlgefallen
Gottes vorausgegangen — und was bei Gott ist, ist gut für
die Frommen! Als daher der Gesandte des Königs zu einem
der Grenzdistricte von Abbessinien kam und ihn die Nachricht von dem Tode unseres Herrn, des Imâm. Heil sei über
ihm, erreichte, da sandte er zum Könige, teilte ihm dies mit,
und that kund, was ihm berichtet war. Doch kam dann zu
ihm die Antwort zurück, dass er ausführen¹) sollte, was ihm
befohlen war. So setzten sie einen Brief auf an unsern
Herrn Elmutawakkil-'ala-'llâhi, Gott, der Erhabene, stärke ihn;
und es befahl ihm der König, dass er beide Briefe gemein-
sam übergebe, damit jeder einzelne den Inhalt des anderen
bekräftige.

Da kam dieser Gesandte zu seiner Herrlichkeit Elmuta-
wakkil-'ala-'llâhi im Monat . . . . . .²) des Jahres 1057. Und
zwar begab er sich (von Afrika aus) nach dem Hafen von
Moḫa, und sein Weg in das Innere von Tehâma ging vorbei
an der Stadt Zebîd, Gott schütze sie; darauf zur Stadt Maur
und El'amrûḫ; dann passirte er den Gau El'ahnûm und kam
zu unserem Imâm, das Heil Gottes sei über ihm, zur Burg
Šahâra, der wohlgeschützten, dem Wohnplatz der Imâme und
der Stütze der Burgen der Zeidîten. Da nahm ihn unser
Herr, Gott stärke ihn, hoch auf und bereitete ihm schöne Ein-
kehr und ehrenvolle Unterkunft, las seine Briefe und erfuhr,
was der König beanspruchte, nämlich dass ein Mann komme,
vor dem er ein Geheimnis aussprechen könnte, das nicht
(einmal) das Innere der Schriften tragen dürften und von dem
er nicht wünschte, es (auch nur) bis zu seinem Gesandten
kommen zu lassen, aus Furcht vor 6. Neidern und aus An-
wandlung von Besorgnis. Und es lag hierin etwas, was sich
nicht verbergen liess, von Möglichkeit³) und Zusammenhang

---

¹) lies يَنْفُذْ

²) Muḥarram oder Ṣafar, cf. Einleitung zum arab. Text S. V.

³) Text إِحْمِل lies إِخْتِمَال

damit, dass sich daran die grössten Hoffnungen anschliessen konnten. Da widmete sich unser Herr, Segen und Heil sei über ihm, diesem Gesandten speciell in einer dafür reservirten Sitzung und fragte ihn nach dem, was in dem Briefe des Königs stände, und ob er eine Ahnung hätte über das, was er damit beabsichtigte. Da sagte er: „Was zu ihm gekommen wäre[1]), sei, dass er den Islâm annehmen wolle." Als er dies gesagt hatte, freute sich unser Herr darüber, es leuchteten die Linien seines glänzenden Antlitzes, und sein schöner Charakter bezeigte lebhafte Munterkeit; aber er hielt für sich selbst geheim, dass dies eine herrliche Wohlthat (Gottes) und eine wichtige Sache sei, zu deren Vollendung er mit seiner ganzen Kraft zu kommen suchen würde. Darauf wandte er sich nach diesem zur Berathung mit seiner Umgebung und (begann) sie zu consultieren darüber und über die Ansicht, der er sich etwa zuwenden sollte. Und es kam eine überwiegende Majorität von vorzüglichen Leuten und Inhabern entscheidender Rede dahin überein, dass es durchaus notwendig sei, diesem Könige das Kommen eines Mannes zu ihm zu bewilligen, und dass diese Notwendigkeit sogar zu einem göttlichen Gesetze würde, da sich daran anknüpfe sein Begehren, den Islâm anzunehmen und in den Pfad und rechten Weg dieser Religion einzutreten. Denn von wem man solches zu erwarten hat, dem muss man willfahren, auch wenn nur für sich selbst sein eigenes Heil zu hoffen steht, wie es ja auch auf dem Wege der Erfahrung bekannt ist, dass die Menge ihm[2]) folgt, wie es feststeht nach der Entscheidung und Vermutung des Verstandes. Allerdings hatte sich gegen diese Ansicht Widerspruch bei einigen Leuten von Ueberlegung gezeigt, indem sie sich auf das stützten, was nach ihren Gedanken fest und bewiesen war, nämlich dass es nicht wahrscheinlich sei, dass für diesen König, der in seiner

---

[1]) Text hat noch meine Meinung, das wie eine Glosse aussieht.

[2]) sc. dem inneren Trieb.

Residenz weile und bei dem fest ständen die Nichtigkeiten seines Götzendienstes und die Flitter 7. seiner Lüge, diese 7. Handlungsweise seine Absicht sei, und dass nicht auf diesem (Wege) seine Kameele getrieben würden, noch an ihm sein Feuerzeug angezündet werde. Aber es wurde diese Ansicht verworfen, da diejenigen, welche sie äusserten, die Minorität bildeten, und da das Ueberwiegenmachen¹) durch die Menge der Männer ein Beweis ist, und was für ein Beweis! Zumal, da dies übereinstimmte mit der Ansicht des Herrn des Lösens und Bindens, des Festmachens und Zerreissens, durch dessen Führung man sich leiten lässt, hinter dessen Grenze und Ziel von Einsicht jede Einsicht in die Angelegenheiten der Religion zurückbleibt, unsers Herrn, des Fürsten der Gläubigen, Gott, der Erhabene, stärke ihn mit den Materien der rechten Lenkung und des entscheidenden Sieges, wobei man das Wort des Propheten, Gott segne und grüsse ihn wie seine Familie, zu Hilfe nahm: Fürwahr, wenn Gott einen Mann durch deine Hände leitet, ist es besser für dich, als alles, worüber die Sonne aufsteigt. Aber zur Möglichkeit des Leitens giebt es keinen Weg als das Vermuten. So stand also die Ansicht fest, dass man diesem Könige daraufhin zu Willen sein müsse, dass ein Mann zu ihm komme, der nach seinem Geheimnisse forsche und den Kern seiner Angelegenheit prüfe.

Ich war nun in diesem Jahre auf der Pilgerreise zum heiligen Gotteshause und zum Besuch des Prophetengrabes, über seinem Bewohner nebst seiner Familie sei das Beste der Gebete und des Heiles, gewesen; und zwar gehörte es zur Gnade Gottes gegen mich, dass diese Pilgerfahrt die dritte war — Gott sei Preis dafür, mit einem reichen, herrlichen, gesegneten Preise. Und als wir von dieser glückverheissenden Reise zurückgekehrt und seiner Herrlichkeit genaht waren, im Beginn des ersten Rebi' dieses erwähnten Jahres, 8. indem 8. sich die Kunde dieser Nachricht verbreitet hatte und ihr Ge-

---

¹) die Entscheidung.

heimnis bekannt geworden war, da gehörte ich zu denen welche durch Besprechung darüber von Seiten unseres Herrn, des Fürsten der Gläubigen, geohrt wurden. Und ich antwortete das, was von Ansicht sich mir deutlich zeigte und von Ideen der Vermutung sich als fertig darbot, sofern es übereinstimmte mit der Ansicht der Majorität. Und es richtete unser Herr seinen Blick auf die Bestimmung des Mannes, welcher nach jenen Gegenden ziehen sollte, und setzte darüber die Herrlichkeiten der Erwägungen in Bewegung. Und nicht weiss ich, ob er seinen Blick, bevor er mich bestimmte, auf einen andern als mich wandte, oder nicht. Darauf wünschte er mir die Gunst dieser Unternehmung speciell zuzuerteilen und mich mit der Ausführung dieser gewichtigen Pflicht zu umgürten. Und ich bemerkte, dass er mir seine gute Meinung schenkte, und dass dies von der Gunst und Gnade Gottes für mich herkomme; und so entsprach ich seinem Willen und bat Gott, dass er für uns die Leuchten dieser Pfade aufstelle; in seiner Hand ist das Gute, und er ist mächtig über alles. Darauf begann unser Herr ein prachtvolles Geschenk zu bestimmen, eine Gabe, welche sich für den Rang und die leuchtenden Thaten des Edelmutes der Könige geziemte, gesondert in Arten, schöner als das Geschenk des Königs für ihn, noch grösser an Umfang, nämlich wundervolle Ehrenkleider aus Seidenbrokat und schöne, glänzende 9. Königsmäntel und scharfe, 9. schneidige Schwerter, weite, langherabhängende Panzer, prachtvolle, sicherschiessende [1]) Flinten zugleich mit einigen kostbaren Pferdezeugen und Schildern, die für jede fürstliche Persönlichkeit geeignet waren. Und als er vollendet hatte, was er davon wollte, befahl er, zwei wichtige Briefe an den König abzufassen, deren Wortlaut ich gern in dieser zusammenfassenden Darstellung fixiert hätte, nur dass der eine von ihnen durch die Feuersbrunst verloren gegangen war, deren Erwähnung, so Gott will, später kommen wird, und von dem andern, nämlich demjenigen, welcher zum König gelangte, dieser uns ent-

---

[1]) Wörtl.: die (das Ziel) erreichen.

fallen ist, gleich nachdem er unseren Händen entschlüpft war, aber der Gedanke, ihn aufzuschreiben, uns erst in den Sinn kam, als er schon fort war. Und es hatte uns unser Herr anvertraut, was die Trefflichkeit seiner Ansicht und die Vorzüglichkeit seiner Disposition erforderte, und das bestand darin, dass er sagte: „Wenn ihr zu diesem Könige kommt, zeigt ihm diesen offenen Brief, der in sich die Antwort für ihn und die Erwähnung des Geschenkes birgt, und haltet den anderen Brief zurück, bis dass ihr eventuell an einem geheimen Ort mit ihm zusammen seid. Aber er muss euch notwendig klar legen, was er innerlich von der Kunde denkt, deren Lancierung er vorhat. Wenn ihr dann findet, dass er diese Sache will, an die sich die Hoffnung anknüpft, und dass er in die Religion des Islâm, die vor allen übrigen Religionen geehrt ist, eintreten will, dann gebt ihm den andern Brief und lasst euch tief mit ihm darin ein, gemäss dem, was die Sachlage erfordert, heimlich oder öffentlich. Wenn ihr ihn aber in seinem Irrtum umherirrend findet, verwirrt in den Finsternissen seiner Unwissenheit, so dass für das Eindringen der Ermahnung in seinen Verstand kein Weg ist, noch ein Pfad, dies in seinem Herzen fest zu machen, dann wendet euch vollständig von ihm weg und brecht den Umgang 10. mit ihm ab. Der Anwesende sieht ja, was der Abwesende nicht sieht, und der Kluge ist derjenige, welchem die Erfahrungen nützen[1].“ Und wir vertrauten diesem nützlichen Auftrag und fanden ihn, Gott sei Lob, in sich vereinend die Mittel des Guten und den rechten Weg.

Erwähnung des Anfangs der Reise zu den Gegenden der Abessinier fort von seiner Hoheit, unserm Herrn, dem Emir der Gläubigen.

Und wir wandten uns von seiner Hoheit dem Imâm am Ersten des zweiten Ǵumâdâ[2] fort, indem wir diesem die Schön-

---

[1] Glosse: welchem aufrichtiger Rat nützt und Vorteil bringt (lies أَفَادَتْهُ!)

[2] lies جُمَادَى.

heit des Vertrauens und die reinste Fürbitte und die Energie in der¹) Gottesfurcht und das Abhängigmachen des Zweckes von dem Gehorsam gegen Gott und seinen Vertreter, den obersten Imâm, vorausschickten²). Denn dies ist das Wirksamste, was zur Erreichung der guten Ziele und zum Gedeihen der gewinnbringenden Waaren des Guten erbeten wird, gleichwie er, der Erhabene, gesagt hat: Oh ihr, die ihr glaubt, vertraut auf Gott und sprechet zutreffende Rede, dann wird er euch eure Handlungen in Ordnung bringen und euch³) verzeihen; und wer Gott und seinem Gesandten gehorcht, der wird gewaltiges Gelingen erlangen. Und es war in unserer Gesellschaft eine Gesammtheit von denen, deren Begleitung sich für diese Reise schickte von Parteigängern und Truppen, ausharrenden, aufmerksamen, tapferen und schutzbietenden Leuten, 22 an der Zahl, von denen etwa 12 Flinten trugen. Und wir zogen vorüber bei den beiden erhabenen Herren und geehrten Fürsten, der Stärke des Glaubens 11. und der Religion, und dem hochragenden, wohlbefestigten Berge des Wissens und der Einsicht, den Freunden des Islâm und der Moslem, dem Schwerte der Wahrheit, das gezückt ist wider die Unheil anrichtenden Feinde Gottes, Muḥammed und Aḥmed, den Söhnen des Ḥasan, Sohns des Emirs der Gläubigen, Gott, der Erhabene, schütze sie. Und zwar waren sie damals in der blühenden Stadt Ṣan'â', Gott bewahre und bevölkere sie mit gläubigen und vertrauensvollen Leuten.

Und es hatte dieser Gesandte, der vom Könige gekommen war, für sie beide zwei Briefe und was leicht zu haben war⁴), an Geschenk mit sich genommen. Da waren sie ihm zu Willen und sandten ihm, was erhaben war an Geschenk als Zugabe zu dem Geschenk unseres Herrn, des Fürsten der

---

¹) lies اَلْمُبَالَغَة.

²) lies مُقَدِّمِين und حُسْنَ.

³) Glosse: eure Fehler.

⁴) يَبْيَسَرُ; etwa verschrieben für يَسَّرَ = (was) erfreute?

Gläubigen. Und zwar war es ein Geschenk, das zu den glänzendsten der Geschenke, und eine Gabe, die zu den grossartigsten der Gaben gehörte.

Und wir wandten uns zu der gesegneten Reise (alles) dem Beistande und der Leitung Gottes anheimstellend; er ist ja der Gefährte auf der Reise und (gleichzeitig) der Vertreter für die Familie und die Güter und die Kinder, indem doch diese beiden (Posten) kein anderer vereinigt, da sonst der Gefährte nicht der Vertreter sein, und den Vertreter man sich nicht als Gefährten mitnehmen kann.

Erwähnung unserer Ankunft im Hafen von Mocha und unserer Fahrt von dort nach Beilûl.

Als wir nun zum Hafen von Mocha gekommen waren, da hatte unser Herr schon dem dortigen Statthalter aufgetragen, die Gesammtheit der im Hafen liegenden Schutztruppen mit dem Vorzüglichsten auszurüsten, was an Mengen in den Schiffen war, weil man argwöhnte, dass[1]) sich welche von den Türken zeigen möchten, Gott, der Erhabene, dehmüthige sie, und (dass) man sie vom Hafen Su'âkin oder Musawwaʻ aus treffen würde. Da that der Statthalter von Mocha, was ihm befohlen war, und wir machten uns in der Mitte des Monats Šaʻbân dieses erwähnten Jahres von hier auf. Und die Dauer unserer Reise auf 12. dem Meere war nur 12. 2 Tage. Die Entfernung ist aber bei ruhigem Winde kleiner als dieses, denn sie wird zuweilen in einem Tage vollendet. Und als wir im Hafen Beilûl ankamen, indem wir uns an den Sultan Šuḥeim ben Kâmil aus Dankal, den Herrn von Beilûl, einen Brief von dem Statthalter von Mocha mitgenommen hatten, da zwischen ihnen Freundschaft war, gute Beziehungen und vortrefflicher Verkehr, — und dieser erwähnte Sultan war gerade, als wir im Hafen von Beilul ankamen, abwesend — da correspondirten wir mit ihm, bis er ankam. Und bevor er ankam, schlugen wir unsere Zelte an einem Platze auf,

---

[1]) lies اَنْ

der ausserhalb der Stadt¹) lag, zwischen ihr und dem Meere, da wir bei den Leuten der Stadt¹) Verwirrung bemerkten, veranlasst durch unsere Ankunft. Wir blieben also hier, bis ihr oben erwähnter Sultan Šuḥeim ben Kâmil ankam. Und es war in unserer Gesellschaft eine Schaar von Abessinischen Kaufleuten mit herausgegangen. Und als der Sultan Šuḥeim ben Kâmil angekommen war, empfing er uns mit Ehrerweisung und erhabener Gastfreundschaft, prüfte unsere Nachrichten und dass wir zu dem König von Habesch kommen wollten. Es gehörte aber dieser Sultan Šuḥeim zu denen, welche in Verbindung mit dem König von Habesch stehen, weil er in dem Gebiete von Habesch aufgezogen war und dort Verwandte und Kinder hatte, indem der König ihn zu seinem Hofstaat und seinen Vertrauten zählte, gleichwie es das Princip bei denjenigen ist, die hier zu denen gehören, welche den Islâm bekennen, aber davon nur den Namen selbst haben, auf welchem sich nichts von den Normen aufbaut, gleichwie 13. die Bestätigung dieser (Behauptung) kommen wird in dem, was folgen²) wird von der Erwähnung desjenigen, auf den der Name des Islâm dort angewendet wird, wenn Gott will. Und als wir mit dem Sultan Šuḥeim zusammentrafen, kam³) mit ihm von den Bergen der an diesen Platz angrenzenden Beduinen ein grosser Haufe, scheusslich⁴) an Gestalt, frei davon sich nach irgend etwas von den Normen der gechrten, gereinigten Religion zu bilden; und zwar (behaupte ich) dies wegen dessen, was⁵) wir mit eigenen Augen von dem geschlechtlichen Umgang ihrer Männer mit ihren Weibern sahen; waren doch alle nackt, ohne ihre Blösse zu bedecken und ihre Abscheulichkeiten zu verhüllen, als ob das Abscheu-

---

¹) اَنْبَلَدُ hier für اَلْمَدِينَةِ, wonach auch das folgende construirt ist.

²) lies يَعْرَضُ.

³) وَفَدَ.

⁴) مُنْفَرِينَ wol zu lesen, obwohl die H andschriftdie II. Form f or dert.

⁵) lies لِمَا.

liche nach ihrer Ansicht zum Anständigen und das Auffallende für sie zur vertrauten und gewohnten Sache gehörte. Auch ihre Sprache ist barbarisch mit einem Dialect, der ihnen eigentümlich ist, indem er nicht der Sprache von Habesch angehört. Als wir sie anredeten, hatten wir einen Dolmetsch nötig; und wenige waren bei uns, welche ihre Sprache vollständig verstanden, ausser denen von ihnen, welche mit dem Hafen Mocha in Verbindung standen. Denn diese kannten manchmal die arabische Sprache. Und von diesen erwähnten Beduinen wünschten alle, die zu uns kamen, lediglich diese angelangten Araber zu betrachten und kennen zu lernen. Und als sie zu uns gekommen waren, begannen sie von fern auf uns zu blicken, indem sie gewaltig in Verwunderung ob unseres Anblickes gerieten, während wir uns noch mehr ob des ihren verwunderten. „Oder meinst du, dass die meisten von ihnen hören oder verstehen? Nein, sie sind nur wie Vieh, ja sie gehen noch mehr in die Irre." Und fürwahr es erzählte uns einer, der 14. ihre Geschichten kannte, dass ihr 14. Oberster, derjenige nämlich, dessen Worten sie nacheifern, mit zwölf Frauen verheirathet sei. Und andere thun ähnliches nach dem, was sich uns an Ueberlieferungen von Seiten derjenigen zeigte, die ihre Verhältnisse kennen. Und dazu kam, dass sie unsere Verhältnisse kennen zu lernen und sie auszuspüren wünschten, und ob sie uns nicht über den Weg belehren, auf welchem wir ziehen würden, und zu einigen Sachen von dem kommen könnten, was in unseren Händen war, oder anderes, was von den schlechten Menschen die Plünderer[1]), die Kurden und Räuber thun. Und es gehörte zur Gnade Gottes für uns und zu dem, was Gott unserem Imâm an Schönheit der Ueberlegung und Vollkommenheit der Ansicht gewährte, dass er uns Flinten beigegeben hatte; denn sie, zugleich mit der Wohlthat Gottes für uns und dem Segen unseres Herrn hielten von uns die Widerwärtigkeiten fern und gereichten uns zugleich mit der Hilfe Gottes zur grössten

---

[1]) lies أَنَّمَحْرَبُون.

Hilfe. Und sie gerieten über das Schiessen der Flinten in
die äusserste Verwunderung; und ich glaube, dass sie, wie
mir schien, fest davon überzeugt waren, dass der Besitzer
der Flinte, sobald er geschossen hatte, das Schiessen ohne
Unterbrechung und Zeitraum zwischen je zwei Schüssen folgen
lassen könnte. Und wir bestärkten sie noch obenein in der
Richtigkeit ihres Wahnes und verhüteten[1]), dass ihnen das
Gegenteil davon klar wurde. Und nicht hörten sie auf, das
weiter zu erzählen und es ihren Gefährten mit immer er-
neuten Geschichten zu berichten, bis sich dies unter ihnen
verbreitet hatte und öffentlich bekannt geworden war, und
voll (davon) die Herzen und die Ohren waren. Dann blieben
wir in diesem Beilûl ungefähr 2 Monate, indem wir eifrig
das Freitaggebet pflegten und offen das Gebet für unseren
Herrn, den Emîr der Gläubigen, Elmutawakkil-'ala-'llâhi, verrichteten. Und wir hielten 15. hier das Fasten des geheiligten
Ramadân. Und wir zogen heraus zum Festgebete, indem
der Sultan Šuḥeim samt seinen Truppen und seinen Gefährten
die Standarten ausbreiteten[2]) und die Abzeichen des Islâm
zeigten. Und wir beteten auf dem Gottesacker der Stadt
und predigten desgleichen die überlieferte Festpredigt zugleich
mit der Nennung des Imâms und dem Gebet für ihn öffentlich
über die Häupter der Geschöpfe.

Erwähnung unseres Auszuges aus Beilûl und unserer Reise in
das Gebiet der Beduinen.

Als darauf nach dem erwähnten Feste etwa 8 Tage vorüber waren, wandten wir uns von Beilûl fort, indem sich in
unserer Gesellschaft dieser Sultan Šuḥeim mit einer Schaar
von seinen Gefährten, nur etwa 30 Mann stark, befand, und indem
die abessinischen Karavanenleute ebenso 30 Mann ausmachten.
Und der Grund für dies Warten in Beilûl war, dass dieser
Weg reich ist an Gefahren von allen Seiten, wozu gehört,
dass er aus wasserlosen Wüsten besteht, die vom Wasser

---

[1]) Hdschr. ناحرص; ist نَحْرَزَ zu lesen?

[2]) مَظْهُرُونَ. und نَاشِرُونَ vulgär für مُظْهِرِينَ und نَاشِرِينَ)

abgeschnitten sind, und dass die Wasserplätze nur der geübte Führer und der erfahrene Kenner kennt, und es giebt wenig Wasser, worüber kein Streit stattfindet[1]); ferner, weil zuverlässige[2]) Leute unter ihnen selten sind; denn der Führer zieht, wenn er will, mit den Leuten dorthin, wo kein Wasser zu finden ist, und vernichtet sie, wenn er will, oder bemächtigt sich, wenn er will, dessen, was er von ihren Gütern wünscht; und dazu gehört ferner die Furcht[3]) vor diesen Beduinen, die diesem Wege benachbart sind; und dazu gehört endlich die allergrösste Furcht vor den Galla's, Gott vernichte sie, weil sie zu diesem Wege kommen können. Aber wir hatten die grösste Anstrengung nötig, um 16. diese 16. Schrecken zu verscheuchen und ihre Thore zu verrammeln, und (hatten nötig) Briefwechsel mit den Beduinenhäuptlingen durch die Güte des Sultans Šuḥeim, und Schenkung von Gütern.

Und nachdem die Angelegenheiten nach Gutdünken und nach Möglichkeit festgestellt waren, da zogen wir in dieser Zeit von Beilul auf einem ebenen, baumreichen Terrain ungefähr zwei Tagereisen weit los. Darauf traten wir in Thäler mit fliessendem Wasser zwischen hohen Bergen ein. Und an diesem Platze kam Kunde von den Beduinen zu uns, dass sie uns nämlich in dieser Nacht angreifen wollten. Da befahlen wir den Leuten, in dieser Nacht auf ihrer Hut und in Bereitschaft zu sein. Und es gehört zu den wunderbaren Zufällen, dass in dieser Nacht vier Elephanten kamen; da ward die Wache ihrer gewahr und man hörte, dass sie sich in diesem Thale bemerkbar machten; da fürchteten sie sich vor ihnen, und es sammelten sich die Leute untereinander. Darauf wurde uns der Sachverhalt klar und siehe da, es waren diese Elephanten. Und es wurden die Flinten wider

---

[1]) Das ل müsste fortfallen, und statt فيها ist فيه zu erwarten.

[2]) lies أَمَانَة.

[3]) lies الخوف.

sie abgefeuert¹). Da hörten diese Beduinen das Schiessen der Flinten, und das erschreckte sie, schüchterte sie ein, trennte ihre Vereinigung und zerstreute ihre Versammlung. Aber es hat uns ein Mann von denen, zu welchen der richtige sie betreffende Sachverhalt gedrungen war, erzählt, dass die Zahl der Versammelten, welche sich dazu vereinigt hatten, 500 Mann war. Aber Lob sei dem allmächtigen Könige, dessen Macht zwischen sie und ihre Absicht trat. Und es ging unser Marsch zusammenhängend vor sich und es folgten sich ununterbrochen hintereinander die Tage unserer Reise, 12 Stationen, bis wir zu einem Platz namens ʿAina-mali²) ankamen.

Erwähnung unserer Ankunft in dem ʿAina-mali genannten Platz von den Beduinen aus und der Tage unseres Aufenthalts an ihm.

Und dieser Platz und was hinter ihm kommt, ist äusserst gefährlich und sehr schrecklich, weil er den Gallas nahe ist, Gott vernichte sie und schneide ihre Wurzel ab. Und was 17. dies Thal an Einsamkeit und äussersten Schrecken aufweist, das ist gleichwie Šuḥeim ben Watîl sagt:³)

Ich kam bei dem Löwenthal⁴) vorüber, so grausig däucht
Kein andres, wenns dunkelt, mir wie grad dieses „Löwenthal",
In dem selbst ein Reitertrupp, ihm nahend, noch kürzer⁵) weilt⁶),
Das graus'ger⁷) noch wär', solange Gott nicht den Wandrer schützt.

Anmerkung.
Erwähnung eines Teiles von den Eigenschaften der Galla's.

Wisse, dass diese Galla's ein Volk von gewaltiger Tapfer-

---

¹) Hdschrift giebt ممت, das wohl in رميت zu verbessern ist.

²) Könnte abessinische Namenbildung sein; aber vergl. die Parallelnamen aus Harâr etc. cf. S. IX der Einleitung zum arab. Text, Anm. 3.

³) cf. Jahn, Sîbaweihi I 236 und die Anmerkungen dazu, wo alle Nachweisungen gegeben sind.

⁴) Eigenname, cf. Jakût IV 877, wo aber die Verse sehr fehlerhaft sind; auch Fleischer's Correcturen reichen nicht aus.

⁵) lies أَقَلْ.

⁶) lies أَنْوَهُ نَبْأَةً.

⁷) lies أَخْوَفَ.

keit, fester Ausdauer, grosser Zahl, weiten Grenzen[1]) sind; wenn sie sich zum Kampfe wider einen von den Leuten, sei es Ungläubigen oder anderen, wie den Moslem auf der Seite von 'Aussa und rund um es herum[2]), aufmachen, kommt ihre Zahl zuweilen auf circa 100 000. Dazu kommt, dass sie Leute von kräftigem Körperbau, von Ausdauer bei langen Reisen und beim Ertragen von Strapazen sind. Und es hat mir einer erzählt, der über sie unterrichtet war, dass, als einmal einer von ihnen mit gewaltiger Stimme bei der Schlachtbegegnung schrie und dies einer von den Ungläubigen, nämlich Christen, hörte, sein Herz sich spaltete, so dass er von der blossen Stimme starb. Und überhaupt habe ich bemerkt, dass die Eigenschaften dieses Volkes die der Tataren erreichen gemäss dem, was Chronisten und Historiker von diesen berichten. Aber sie sind zu Herren über die Christen Abessiniens von allen ihren Seiten und Grenzen ihres Gebietes geworden, indem man keine ihrer Seiten frei von ihnen findet Und die Mehrzahl der Gefangenen[3]) sind fast ausschliesslich in den Händen dieser Galla's, während dies bei andern als ihnen selten stattfindet.

Ende (der Anmerkung);
wir kehren zu unserem eigentlichen Thema zurück.

Darauf hielten wir uns in 18. diesem 'Aina-mali genannten Platze etwa einen vollen Monat auf. Und zwar hatte dieser Sultan Suheim einen Brief mit einem Gesandten von diesen Beduinen zu einem der Emire des Königs von Abessinien vorausgesandt, welcher über die uns nächste Seite seines Landes eingesetzt war, um ihm unser Kommen anzuzeigen, und damit er uns an einem bestimmten Orte träfe, den er ihm schon angegeben hatte, mit allen von den Scharen der Christen, die er mitbringen könnte. Und dieser Brief war seit den Tagen unseres Aufenthalts in Beilul vorausgegangen, und die Antwort darauf zu diesem 'Aina-mali ge-

---

[1]) oder Plänen?

[2]) Hdschrift اَلْمَیِّت lies خَوَالَیْهَا

[3]) sc. Abessinier.

nannten Platze zurückgekommen. Und nach dem Eintreffen der Antwort darauf bezeugte er ausserordentliche Freude und liess darum die Trommeln schlagen und sie sammelten sich zum Spiele, das sie beim Eintritt freudiger Ereignisse gewohnt waren, und es beabsichtigte der Sultan Šuḥeim damit, uns zu erfreuen und uns Freude zu bringen und uns die Not zu erleichtern und leicht zu machen¹) die Beschwerlichkeiten dieser Furcht. Darnach befahl der Sultan Šuḥeim den Aufbruch; und wir brachen auf, indem er in unserer Begleitung war. Und er zog mit uns darnach fünf Marschtage. Darauf benachrichtigte er uns, dass er von dort zurückkehren wolle, weil, wenn er über diesen Platz hinausgegangen sein würde, ihm die Rückkehr allein mit seinen Gefährten nicht leicht sein würde, aus Furcht für sich selbst und die, welche mit ihm waren, weil nämlich in der That das Ziehen auf diesem Wege ihm nicht glückte, wenn er sich uns nicht angeschlossen hätte und gestärkt worden wäre durch unsere Kraft, die uns Gott verliehen hatte, und die er in die Herzen der Leute gelegt hatte als eine Gunst von ihm und eine Wohlthat für uns.

   Erwähnung der Rückkehr des Sultans Suheim und unseres Weiterdringens mit den beiden Führern, deren Treulosigkeit und Verrat erwähnt werden wird.

Darauf versammelte er uns und die Abessinier, die in der Karawane waren, und teilte uns mit, dass er uns einen Mann mitgeben wolle, der uns auf dem Wege führen solle und uns seine Schrecken und Gefahren vermeiden lasse. 19. Und es gab dort drei Wege; vom ersten war die Sicherheit²) vor den Gallas offenkundig; auf dem zweiten konnte man Furcht vor ihnen haben³), während man am dritten wegen der Furcht vor ihm und seiner Gefahr die Hoffnung aufgeben

---

¹) lies تَخْفِيف.

²) lies أَمَان

³) lies يَجُوزُ, obwohl Hdschrft die zweite Form augiebt.

— 19 —

musste¹), da er auf der Seite der Gallas war und zwischen ihren Weide- und Wohnplätzen. Da war die Ansicht der Abessinier über den Weg geteilt. Denn der Gesandte des Königs, der mit seinem Briefe zum Imâm gekommen war, wollte jenen sicheren Weg ziehen, auch wenn es weiter an Distanz wäre, während die übrigen Abessinier das Ziehen auf dem mittelsten Wege wünschten, trotzdem sie die Möglichkeit einiger Gefahr zugaben²); aber keiner von allen wünschte das Betreten des dritten Weges. Da sagte der Sultan Šuḥeim, wir³) werden für jede Partei von euch einen Führer bestellen, der ihn auf seinem Wege, den er vorzöge, führen werde. Und er suchte für uns einen Mann aus, zwischen welchem und uns er eine Einigung zu Stande brachte, und von welchem wir eine eidliche Verpflichtung erhielten, dass er uns nicht verraten oder betrügen würde, und nicht mit Bezug auf uns sich dorthin begeben⁴) würde, wo Schaden für uns sei. Und ebenso (suchte er aus) für die Abessinier einen anderen Mann. Darnach sagte er zu uns: „Euer und der Abessinier Weg⁵) wird zwei Stationen lang zusammen sein. Darnach werdet ihr euch trennen; denn euer Führer wird euch auf diesem vereinbarten Wege führen, und die Abessinier (soll ihr Führer führen) auf ihrem Wege ebenso". Da sagten wir zu ihm und zu dem Führer: „Ist hinter diesem Platze noch einer von den Beduinen, von dem wir fürchten müssten, dass er uns auf dem Wege entgegentreten und Verkehr mit uns suchen würde, oder nicht?" Drauf sagten der Sultan Šuḥeim und dieser erwähnte Führer: „Nach diesem giebt es nur wüstes Land, bis 20. ihr kommet 20. zum Lande Abessinien. Da nahmen wir Abschied von dem Sultan Šuḥeim und seinen Gefährten an diesem Platze und

---

¹) Ohne Femininendung, daher مَقْنُوع statt عَنِيَّ ـا unpersönlich zu fassen.

²) lies نَجَوِّزُ

³) lies نَجْعَل

⁴) lies سَعَى

⁵) lies سِيرَكُم ; ausserdem sollte سِير vor اثل wiederholt sein

machten uns zu unserem Marsch mit diesem Führer auf.
Und wir und die Abessiner waren zusammen dessen gewiss[1]),
dass wir uns von ihnen nach zwei Tagen trennen würden,
wie es der Sultan Šuḥeim gesagt hatte. Aber es dauerte für
uns die Reise in dieser Weise drei mittelgrosse Tagemärsche,
indem sie weder zu gross noch zu klein waren; und wir
kamen zur Seite eines grossen Berges, des grössten dessen,
was es an Grösse gibt an Ausdehnung und Höhe.

Erwähnung des kleinen Sees, den wir auf diesem Wege
fanden.

Und wir fanden dort einen kleinen See, dessen Wasser
mit diesem Gebirge in Verbindung stand und mit anderen
Bergen, von dessen Seiten sein Wasser salzig und brakig
war.[2]). Und seine Länge und Breite war nach der Schätzung
gleich, und sein geometrisches Maass war circa ein volles
Berid[3]), oder noch ein wenig mehr, nach dem, was sich vermuten lässt. Aber als wir zu diesem Platze angekommen
waren, sahen wir bei den beiden Führern Heimlichkeit in
der Rede und bemerkten an ihnen die Anzeichen des Ver-
rates. Da suchten wir unseren Führer und thaten ihm schön
in der Rede und zeigten uns ihm ruhig in den Worten, weil
wir wussten, dass er nun freie Verfügung hatte über uns,
wie er wollte. Aber er entsprach uns nicht mit einer Antwort,
die uns gefiel, sondern suchte uns nur mit Ausreden zu ver-
trösten. Da zauderten wir an diesem Platze drei Nächte
verlegen wegen dessen, was in ihm war an grossen Schrecknissen und vielen reissenden Tieren in der Nacht und an
Furcht vor den Galla's. Denn an diesem Platze und nachher
hatten wir, wenn wir Feuer anzünden wollten, List angewendet, indem wir es verdeckten nach der Seite der Galla's,
entweder an einem sicheren Orte, oder dadurch, dass wir es

---

[1]) Hdschrft. zu ⟨arabic⟩ zu verbessern.

[2]) So nach der Correktur der Hdschrft., wo zu ⟨arabic⟩ noch ⟨arabic⟩ hinzugefügt ist; ist dabei vergessen worden, zu den Adjektiven den Artikel
beizufügen? Dann wäre besser zu fassen: von dessen Seiten sein
salziges und brakiges Wasser (kommt).

[3]) = 12 Meilen.

machten an der Seite eines Felsens 21. oder dergleichen, 21. aus dem Grunde, weil sie das Feuer sehen und dann einen Raubzug nach ihm machen und die Wege belauern könnten. Und kaum hatten wir an der Seite jenes Berges Posto gefasst, da ergossen sich über uns 8 Trupps. Und sie kamen zu uns und vereinigten sich mit den beiden Führern an einer unserer Seiten, um heimliche Rede zu führen und (zu besprechen), was sie uns verbargen, an schändlichem Geheimnis. Sie teilten uns mit, dass diese Gegend die Gegend dieser Leute sei, und dass diese freie Verfügung darüber hätten „wie die anderen Beduinen, an welchen ihr vorbeigekommen seid" und dass sie uns begleiten[1]) müssten und die Karawanen[2]) mit einer Taxe belegen wollten. Da sagten wir ihnen: „Hattet ihr uns nicht gesagt, dass keiner mehr auf diesem Wege sei von denen, deren Entgegentreten oder freie Machtausübung über uns wir fürchten müssten? Wie tritt uns jetzt aber der Widerspruch eurer Rede entgegen!" Drauf sagten sie: „Wir bemerkten sie erst zur Zeit, als sie ankamen." Und es gereichte dies Ereignis für uns und[3]) für die Karawanenleute zur grössten Furcht durch die Angst, dass uns der Zustand zu noch anderen Schwierigkeiten führen würde, nachdem uns die Verräterei der beiden Führer klar geworden war, und dass bei ihnen keine[4]) Zuverlässigkeit sei. Da kamen wir in gewaltige Verlegenheit, zu deren Beseitigung wir nur Gott angehen und auf ihn hoffen konnten wegen dieses Ereignisses, das sich begeben hatte. Und nicht fanden wir ein Entkommen[5]) davon, dieser Schaar etwas von den Gütern zu geben, was bereit war. Darauf brachen wir auf, indem wir sie nach dem Wege fragten, den wir ziehen

---

[1]) وزرا نتصحبها bei Dozy.

[2]) مع hier wie altarabisches ب bei transitiven Verben? cf. Dozy, wonach مع pleonastisch steht.

[3]) lies وعلى

[4]) lies لا أَمَنَةَ.

[5]) بُدّا.

wollten. Da sahen wir sie uns nur einen einzigen Weg führen und wir liessen ab sie danach zu fragen, und es zog uns davon ab das Nachdenken über die Lage, in die wir geraten waren mit diesen beiden verräterischen, treulosen 22. Führern. Denn wir dachten nur, dass wir zum 22. Tode geführt würden. Und wir hatten uns auf unserem Marsche gewendet zu dem, was zwischen der Süd- und der Westrichtung war. Da sahen wir, dass sich mit uns der Weg grade zu nach Westen wandte. Darnach wandten sie sich von Westen ab ein wenig. So merkten wir, dass sie beide sich mit uns verirrten auf einen andern, als den beabsichtigten Weg, und dass sie zur Verräterei entschlossen waren und zum Treubruch. Und sie hatten uns vorher die Ordre gegeben, dass wir Wasser tragen[1]) sollten für den Zeitraum zweier Tage. Als wir nun an diesem Marschtage zu dem Platze angekommen waren, wo abgestiegen wurde, indem wir am Ende der Karawane waren und die beiden Führer an ihrer Spitze, da kamen wir an, indem sich die Abessinier auf diese beiden Führer und diese Schaar, welche bei ihnen war, gestürzt hatten und ihnen sagten: „ihr habt uns verraten, denn dieser Weg ist derjenige, den wir vermeiden wollen, und das sind die Plätze und Weiden der Galla's." Aber sie antworteten ihnen nur damit, dass sie sagten: „was andere Wege als diesen anbetrifft, so ist in ihnen absolut kein Wasser." Da nahmen wir nach diesem nur Zuflucht zu Gott und der Bitte zu ihm durch den Segen unseres Imâms; denn der ist das Beste von allem, womit man sich bittend zu Gott wendet. Und es hatte eine Differenz[2]) bestanden zwischen unserer Ansicht und der der Karawanenleute über das, was dieses Büchlein nicht enthält, und wir hatten (sie) erledigt beim Eintritt[3]) des Verderbens, sei es durch Durst, oder durch Hunger wegen Aufhörens des Proviantes, oder durch

---

[1]) lies نَحْمِلَ

[2]) lies وَأَخْتَلَفَ

[3]) nach der Hdschrft. wäre خُصُومٍ zu lesen!

die Hände der Gallas, oder ähnlicher Leute. Da zogen wir früh an diesem Tage auf diesem Wege; aber es hatte der Emir des Königs, zu welchem der Brief des Sultans Šuḥeim vorangegangen war, einen Gesandten geschickt, 23. der Halt 23. machen sollte auf der Spitze eines hohen Berges, um sich über unsere Lage zu unterrichten, und ob er sehen könnte, was auf unser Erscheinen von irgend einer Seite hindeute, sei es durch das Erscheinen von Feuer oder anderem. Und es hatte dieser Gesandte seinen Proviant mit sich genommen und er zog herum auf den Bergen dieser Orte; und er hatte schon das Erscheinen des Feuers am Gestade des kleinen Seees, dessen Erwähnung wir vorausgeschickt haben, wahrgenommen von der Spitze eines hohen Berges aus auf ungefähr zwei Courir-Tagemärsche, indem er bei sich hatte eine Schaar, die er mit sich genommen hatte, von denen, welche Umgang haben mit den Gallas. Und dieser Mann war vertraut mit diesen Wüsten, da er gewöhnlich in ihnen reiste, indem mit Recht von ihm das gebräuchliche Sprichwort gesagt werden konnte: „ein besserer Führer als der scharfsinnigste Geomant." Da brachen wir früh auf an diesem Tage zu einem Thale, in welchem fliessendes[1]) Wasser war; und in diesem Thal weiden die Gallas meistenteils, nur dass sie gerade damals auf einer Seite waren, die fern von ihm war, weil sie nämlich gewohnheitsmässig mit ihren Heerden herumziehen, um Futter zu suchen, und wegen dessen, was Gott an Heil für uns wollte.[2])

Erwähnung der Ankunft des Boten des Emirs Ba'la Gádda, Chefs der Stadt Enderta.

Als uns nun dieser Mann sah, wie wir in dies Thal hineinzogen, kam er herab zu uns von dem Berge, mit denen, die er mit sich hatte. Und als wir ihn zu uns herabsteigen sahen, erschraken wir vor ihm und hielten ihn für einen Feind, der auf uns Absicht hatte. Da machten wir uns zum

----

[1]) intendiert ist جَـرِ — heiss; dazu die Glosse ﻣَﻌَﺲ; vielleicht die andere Lesart aber doch richtig!

[2]) Glosse: was uns Gott zum Heile festgesetzt hatte.

Kampfe bereit und befahlen den Flintenträgern sich bereit zu halten. Und wir bemerkten einen von ihnen, wie er sich eben von ihnen losgelöst hatte, 24. welcher zu uns eilte und abessinisch sprach. Da verstanden seine Worte die, welche bei uns waren von den Abessiniern, und erkannten, dass es der Gesandte dieses Emirs war. Drauf sagten sie zu uns: frohe Botschaft; dies sind unsere Genossen." Das war uns Freude nach Not. Darnach merkten wir erst wieder auf jene Schaar, die uns verraten hatte, als sich einige von ihnen fliehend davon geschlichen hatten, und nur ein Mann von ihnen übrig geblieben war. Da banden ihn die Abessinier fest und wollten ihm die Güter nehmen[1]), welche er eingenommen hatte. Aber nicht hatten wir dies gebilligt und seiner geschont, weil wir die Rückkehr auf diesem Wege fürchteten, und aus Besorgnis, dass der Endschaden sich auf uns wenden[2]) würde. Als wir bei diesem Wasser in jenem Thale angekommen waren und unsere Thiere von ihm getrunken hatten, crepierten einige, weil ihre Bäuche durch die Menge des Wassers, das sie getrunken hatten, platzten.

Darauf teilte uns dieser Mann, der zu uns gekommen war, frohe Kunde mit, nämlich, dass der Emir, der ihn geschickt hatte, ihm befohlen habe, wann er uns getroffen habe, ihm einen Boten zu senden, der es ihm melden solle, damit er uns mit seinen Truppen entgegenkommen könnte. Da that er, wie ihm befohlen war. Aber er befahl uns, eilig von diesem Platze aufzubrechen, und beorderte seine Gefährten, sich auf den höchsten Spitzen der Berge rechts und links zu halten, um Wächter zu sein, und traf treffliche Anordnungen für uns. Und er pflegte mit uns an wohlbefestigten Orten Halt zu machen, zu denen die Galla's fast nie emporstiegen, weil man von ihnen erzählt, dass sie den nicht zu suchen pflegen, der auf den Bergen seine Zuflucht nimmt, noch sich um ihn kümmern, sondern nur den überfallen, welchen

---

[1]) Hdschrft. قُنُوا; lies dafür كَنُوا:

[2]) lies عَكْنَبَ

sie in den Ebenen des Landes finden. Und es erfreute uns diese Kunde von ihnen und stärkte unsere Beharrlichkeit zugleich mit dem schönen Vertrauen auf Gott und der Zuverlässigkeit unserer Lage, der Zuflucht zu ihm und der Verlässlichkeit auf ihn, er ist unser Genüge und ein vortrefflicher Anwalt. Und wäre das nicht der Fall gewesen, dann wäre die Lage schlimmer und so gewesen, dass die Feder sie nicht zu fixieren gewagt hätte. Und es dauerte unser Marsch in der Gesellschaft dieses Mannes und derer, die mit ihm waren, ungefähr 4 Stationen.

Erwähnung unseres Zusammentreffens mit dem Emir Ba'la-Gâdda und denen, welche ihn von den Soldaten der Christen begleiteten.

Darnach trafen wir mit diesem erwähnten Emir zusammen, der in ihrer Sprache genannt wird Aḥada-'Anbasa¹) — das ist sein Eigenname, während sein Beiname Ba'la-Gâdda²) ist. Und mit diesem Beinamen werden alle benannt, welche dieser Gegend von Seiten des Königs von Abessinien vorgesetzt sind. Und als wir ankamen zu ihm, fanden wir ihn haftend an einem schwer zu ersteigenden Berg. Aber als er uns sah, stieg er hinab zu uns und vereinigte sich mit uns im Grunde des Thales und schlug in ihm ein Zelt auf; und wir vereinigten uns mit ihm darin. Und als die Flinten gelöst wurden, indem in ihnen Blei war, und sie bei dessen Herausfahren knallten, da erschreckte sie dies und sie hielten es für etwas Schreckliches. Und wir sahen, dass sie mit ihrer gewaltigen Schaar, wenn die Flinten gelöst wurden, mit ihren Köpfen duckten, niederfallend zur Erde. Und als unser Blick auf sie fiel, sahen wir Gestalten, die Gott erniedrigt und in Gewänder der Verächtlichkeit gekleidet hatte, indem sie auf uns sahen wie Verblüffte, und sich davon machten³) mit dem Fortschleichen der Gedemüthigten, gleich als wenn wir

---

¹) Glosse: und die Bedeutung dieses Namens ist: einer von den Löwen. Aethiopisch አንበሳ ፡ (= arab. عَبَّاس٠).

²) በዓለ ፡ ጋሻ ፡

³) lies وينسلون

die Macht über sie hätten. Aber dieser Emir war ein weiss-
haariger Mann, mit entblösstem 26. Kopf nach der Sitte der
Abessinier, langen Haaren und Nägeln, indem er in etwas
den grossen Affen glich, nur dass ich ihn sah, nachdem ich
schon den Zustand eines anderen als er erkannt hatte, der
der beste[1]) der Abessinier an Einsicht und Disposition und
Geduld und Regierungskunst war. Und er hatte an fertiger
Speise mit sich genommen, und an Mehl das, was das Be-
dürfnis der Menschen befriedigte; denn er hatte dies für uns
befohlen. Darauf sagte er: „es sollen[2]) die Leute von der
vorhandenen Speise essen, aber nicht etwas von Mehl her-
stellen, da der Aufenthalt während der Beschäftigung mit
dem Kochen der Speise eine grosse Gefahr ist Da thaten
die Leute dies und beeilten den Aufbruch.

Erwähnung unserer Ankunft zur Grenze Abessiniens.

Darauf währte unser Marsch in der Gesellschaft des
Emir's Ba'la-Gâdda ungefähr fünf Stationen, bis wir zur ersten
Stadt vom Lande Abessinien ankamen; und zwar ist dies
eine Stadt zwischen zwei hohen Bergen, bei der ein grosser
Strom namens Wasama ist, im Verwaltungsbezirk dieses er-
wähnten Emirs. Und sie ist der äusserste Punkt seines (des
Emirs) Gebietes und die eine von seinen (Abessiniens) Grenz-
festungen, welchen die Obsorge für die Wacht gegen die
Galla's übertragen ist, in jedem Monat 10 Mann, welche sich
auf einem Kuhl genannten Berge ablösen, weil er auf dem
Wege der Galla's ist, da sie auf keinem andern als ihm zu
dem Gebiet der Christen gelangen können. Aber wenn diese
Wachen bemerken, dass die Galla's kommen, fliehen sie zu
ihrem Volke warnend. Da fliehen die zu den Spitzen der
Berge und geben ihre Häuser auf und was schwer ist von
ihren Gütern.

Excurs.

Wisse, dass diese vorangeschickte Erklärung 27. nicht

[1]) lies أحسن

[2]) incorrect, sollte لَبَّىٰ sein

das enthält, dessen Erwähnung nicht vernachlässigt werden sollte, von den Eigenschaften dieses Landes, worin unser Marsch von Beilûl bis Abessinien sich bewegt hatte, und von dem, was wir in ihm an harten Unglück erduldet hatten und zahlreichen Schrecken. Aber das schlimmste von diesem war nach dem, was wir an schrecklichen Dingen beschrieben haben, das Aufhören des Proviants wegen unseres langen Aufenthaltes in Beilûl und danach in ʽAina-mali zugleich mit unserem Zögern in anderen als diesen beiden Orten während zweier oder dreier Tage. Und diese Verzögerungen waren uns nicht bekannt gewesen im Anfang unserer Reise, sodass wir dafür zureichenden [1]) Proviant zugerüstet hätten. Da verbrauchten wir zu viel vom Proviante bei diesen Verzögerungen und bei jedem Tag, den wir für die Reise zugaben. Aber da der Proviant zusammenschrumpfte, und da man in diesem Gebiet Speise nicht zu finden weiss, und da nichts von Körnern in ihm gesät wird, sondern ihr [2]) Unterhalt Milch und Butter und Fleisch ist, — dieses aber [3]) hatten wir und die mit uns nicht unter den gewohnten Unterhalt gezählt, obgleich wir uns darauf verlassen hatten wegen des Mangels von anderem, wo wir es finden konnten, und es wird meistens ja auch gefunden [4]), ausser dass wir in diesem wüsten Gebiete für dasselbe Schafe kauften und sie zu unserem Eigentum rechneten [5]) und einige von ihnen schlachteten; aber nicht [6]) nützte dies wie Speise, noch entfernte es die Beschwerden, welche die Kraft hinfällig machen und den Körper abmagern, — da pflegten alle Soldaten die Frucht der Bäume eifrig zu suchen, und deren nützlichste für sie war

---

[1]) lies أَمْبَلَغَ

[2]) sc. der Bewohner.

[3]) lies وَكُنَّا

[4]) Das eingeschobene خبر ist wohl als irrig fortzulassen. Oder wollte der Verfasser die Sachlage nachträglich noch krasser darstellen?

[5]) lies نَعُدُّها

[6]) ف sollte gestrichen werden.

die Frucht des Lotosbaumes, und sie pflegten sie als Proviant auf einigen Marschtagen mit sich zu führen, wo sie fürchteten, dass sie nicht zu erlangen wäre. Ferner nach diesem (war 28. schlimm) 28. die Armseligkeit des Wassers, und dass es an den meisten von den Stationen versiegt ist, daher hatten wir es zuweilen bei einigen von ihnen zwei volle Tage zu tragen und fanden es erst wieder am dritten. Ferner, dass wir während unseres Aufenthaltes in 'Aina-mali die ganze lange Zeit hindurch es von fern her bringen mussten, auf die Entfernung eines halben Berid[1]), so dass die, welche vor Sonnenaufgang nach Wasser aufbrachen, nach dem ersten Morgengebet[2]), erst zurückkehrten zur Zeit des Mittagsgebetes. Und zu diesem allen kam noch das Übel des Umgangs mit denjenigen, welche wir trafen von den erwähnten Beduinen, und was wir an ihnen beobachten mussten von Ketzereien in der der Religion. Und das meiste dessen, was sich zwischen uns und ihnen an Verkehr ereignete, diente dazu, das Verborgene ihrer Schlechtigkeit heraufzubringen und das, wodurch das Schlimme[3]) ihrer Bosheit offenbar wurde: sie nahmen nämlich immer ihre Zuflucht nur zu ihren Waffen; und die, welche mit uns waren, ebenso. Dies passierte mehrere Male, (und wäre schlimm geworden) abgesehen von der Wehr und dem Schutz und der Protection Gottes. Aber Lob sei Gott, der uns von ihrer Bosheit befreite und zwischen uns und ihre Schlechtigkeit trat, mit einem Lobe, das der Grösse seiner Wohlthat entspricht und dem gleichkommt, was wir nicht herzählen können an wichtigen Dingen seiner Gnade und Gunst und Barmherzigkeit; denn es giebt keine Kraft und keine Macht, ausser bei Gott, dem Erhabenen, dem Grossen.

Anmerkung über die Schätzung der Ausdehnung dieses zwischen der Meeresküste von Beilûl und dem Gebiete des

---

[1]) Ein Berid = 12 Meilen (ein Courirtagemarsch).
[2]) lies الفجر
[3]) lies سوء

Königs von Abessinien liegenden Landes: Ihr Maas ist nach überwiegend wahrscheinlicher Schätzung die Entfernung eines Monats für Karawanen, die sich um ein geringes erhöhen oder erniedrigen kann. Aber über jeden Besitzer von Wissen ist ein Wissender.
So weit.

Nunmehr kehren wir zu dem zurück, was wir als Thema haben. Als wir zu jenem Platze gekommen waren, der 29. 29. Wasamah heisst (nach der Form Zanamah), reisten Boten von hier fort zum Könige von Seiten des Emirs Ba'la-Gâdda und der Gesandte des Königs, welcher zum Imâm gekommen war, damit sie beiderseitig ihm melden sollten, dass wir zu seinem Gebiet wohlbehalten vor Schaden unter einem Schutze von Seiten des Starken, Allmächtigen angekommen seien, und welche sich bei ihm gnädige Auskunft über das Wie unserer Reise in seinem Lande holen sollten, und über das, wozu die Leute des Landes an Gastlichkeit und anderem verpflichtet waren.[1]) Und es geschah dies unmittelbar vor dem geheiligten Höggfeste dieses erwähnten Jahres. Darauf gingen wir in der Gesellschaft dieses erwähnten Emir's zu seinem Quartier[2]); und sein Wohnplatz war eine feste, städtische Ansiedlung auf einem hohen Berge, mit Namen Hintâlû [3]); und der Name dieses Gebietes insgemein ist 'Enderta; und zwar ist es ein ebenes Land, reich an Gras und Vegetation, reich an Gütern und an Honig; und wir kauften ein um schwarzes Tuch von Baumwollenzeug das, was wir wollten, über 40 Pfund nach dem Fusse von San'â' an weissem Honig, dessengleichen die Augen nie gesehen hatten. Wir hielten uns vierzig Tage an diesem Platze auf und es fand das Gebet des Höggfestes in ihm statt. Wir gingen seinetwegen zu dem Platze der Stadt

---

[1]) نوجه in der Bedeutung von يجب, so auch unten, arab. Text S. 30, v. u.

[2]) man erwartet محل; das im Text folgende ومسكنه ist als Glosse vor وقرى eingeschoben, so dass das و vor diesem Wort zu streichen ist.

[3]) Antalô.

heraus und versammelten uns sammt denen von den Moslem, die sich uns anschlossen, und verrichteten das Gebet, während sie uns zusahen und sich verwundert bezeigten über das, was wir trieben, gleichwie wir uns verwundert bezeugten über das, was sie trieben. Und es kamen zu uns zu diesem Platze die Rechtsgelehrten, nämlich die Familie Kibbira[1]) Ṣâliḥ; sie sind bekannt unter diesem Namen, der ein Ehrenname ist, 30. mit dem sie fest glaubende Männer benennen. Und es war in unserer Hand ein Schreiben an sie von Seiten unseres Herrn, des Fürsten der Gläubigen, und ein herrliches Gewand, ein prachtvolles, das für den Stand von ihresgleichen passend war. Da gaben wir ihnen den Brief und händigten ihnen dieses Gewand aus. Und wir sahen an ihnen die Zeichen der Frömmigkeit und das Licht des Islâms, sodass wir uns über sie über die Maassen freuten. Und es kannte einer von ihnen die arabische Sprache; da hörten wir nicht auf sie nach Dingen zu fragen, deren Kenntnis uns nötig war, und um Beistand zu rufen das Wissen der Wahrheit davon. Aber es war mit ihnen auch ein anderer Mann gekommen, dessen Namen Kibbira Ḥair-eddin war, welcher treffliche Kenntnis der Schule des Šâfi'i hatte; und zwar war er ein besserer Gelehrter als die Familie Kibbira Ṣâliḥ, während sie berühmter waren als er in dieser Gegend wegen der Hoheit ihrer Stellung. Und insgesammt gehörten sie zur Secte des Imâms Eššâfi'i, Gott habe Wohlgefallen an ihm.

Erwähnung der Rückkehr der Antwort des Königs nach Enderta, indem er wünscht, dass wir schleunigst zu ihm kommen.

Und als 40 Tage lang unser Aufenthalt an diesem Platze gewährt hatte, kam die Antwort des Königs in Begleitschaft eines Mannes von seinem Hofstaat und von fünf Leuten zurück. Und als der Emir Ba'la Gâdda die Ankunft des Gesandten des Königs erfuhr und dass er an der Grenze seines Gebietes sei, ging er heraus zu ihm, um ihm entgegen zu gehen nach ihrer Sitte bei königlichen Boten, (nämlich gemäss

---

[1]) كِبِّيرى (?).

dem)¹), dass sie so ihnen entgegenkommen und den Brief an dem Platze lesen, wo sie ihnen begegnen. Da las er den Brief stehend. Darauf kehrte er um und kam zu uns, uns mitzuteilen, was der König zu seinem Briefe gesagt und was er ihm befohlen hatte und anderen von den Herrn der Wege in Beziehung auf unsere Ehrung und auf die Ausführung dessen, was da obliege²) an Pflicht der uns zu erweisenden Gastfreundschaft und der Geleitschaft auf den Wegen in den gefährlichen Gegenden. 31. Da dankten wir dafür dem 31. König und sprachen freundlich seinen Gesandten an mit dem, was sich für diese Würde ziemte. Darauf rief der Emir Ba'la-Gâdda die Leute seines Gebietes, dass sie zu ihm kommen sollten, mit dem, was wir an Tragkräften brauchten, um unser Gepäck zu tragen. Da machten sie sich schnell daran; und wir brachen auf, zum König zu gelangen. Und es währte unser Marsch, bis wir aus dem Gebiet von Enderta herauskamen, 3 Stationen.

Erwähnung unserer Ankunft in dem Gebiete von Saḥart.

Darnach kamen wir zu dem Gebiet von Saḥart. Und es kam uns der Emir dieses Gebietes entgegen, ein Mann, Namens Isḥak. Und es kam zusammen der Isḥak genannte Emir mit dem Emir Ba'la-Gâdda. Es war nämlich schon im Gebiete des Ba'la-Gâdda ein Mann zu uns gekommen und in die Religion des Islâm eingetreten, und wir hatten ihm darin gewillfahrt. Wir hatten uns darauf verlassen, dass seine Angelegenheit verborgen bleiben würde; doch war seine Geschichte bekannt geworden; und die Gefährten des Ba'la-Gâdda hatten gedrängt, ihn zu zwingen, wieder in ihre Religion zurückzukehren. Da hatte Ba'la-Gâdda sie gehindert und gesagt: „Er hat freie Wahl; wenn er vorzieht, in die Religion des Islam einzutreten, werden wir ihm nicht im Wege stehen. Aber als der Emir Ba'la-Gâdda an dem Platze dieses Isḥak genannten Emirs angekommen war, fragte der ihn

---

¹) على zu أنهم zu ergänzen.

²) نزجّ wie oben.

nach der Angelegenheit desjenigen, der zum Islâm übergetreten war, und sagte zu Ba'la-Gâdda: „Wie kannst du diese unsern Glauben ändern lassen? Desgleichen ist nicht schön Aber wir sind entschlossen, diesen Mann, der aus unserer Religion ausgetreten ist, festzunehmen und zu töten." Da antwortete ihm der Emir Ba'la-Gâdda mit der Antwort, wie sie Leuten nutzbringender Verständigkeit und guten Rates zukommt, die Gott ihm ins Herz gelegt und eingegeben hatte[1]). Dann sagte er ihm: „Diese Araber sind tapfere Leute, hochsinnige, energische Männer; ein geringes stellt sie zufrieden, und ein geringes reizt sie. Und nicht glaube ich, dass sie diesem Mann, der in ihre Religion eingetreten ist, irgend etwas unangenehmes zustossen lassen, auch wenn sie bis auf ihren letzten fortgegangen wären. Und welchen Nutzen haben wir und du von dergleichen und von der schlechten Behandlung der Gäste des Königs?" Dies war der Sinn seiner Antwort, welche einer von denen hörte, der von den Abessiniern mit unserem Dienste beauftragt waren; er erklärte ihn uns in arabischer Sprache. Da hielt er ihn damit ab, und es erniedrigte ihn Gott, der mächtige und erhabene. Darauf befahl dieser Emir in dem Gebiete von Saḥart den Leuten seines Gebietes desgleichen, ebenso bereit zu sein für das Tragen unserer Lasten. Und er forderte von ihnen einen mächtigen Trupp zu unserer Geleitschaft auf dem Wege aus Besorgnis. Da waren ungefähr 2000 Mann von ihnen mit Lanzen und Pferden anwesend.

Erwähnung unserer Ankunft im Gebiet von Abar-ḳalli.

Aber wir brachen auf von seinem Gebiete; und er reiste mit uns etwa 5 Stationen, bis wir im Gebiete von Abar-ḳalli ankamen. Und dies ist ein rauhes Land, hohe Berge und tiefe[2]) Thäler. Da kam uns der Emir dieses Gebietes entgegen, ein Mann, Namens Kabä-Kustûs[3]). Da be-

---

[1]) Mit Nöldeke ist وقَذَهَ zu lesen.

[2]) lies مُنْخَفِضَة gegen die Hdschrift!

[3]) Im Text stand zuerst: dessen Name mir entfallen ist; diese

eilte er sich uns von Seiten seines Gebietes auszurüsten wegen dessen Armseligkeit. Und wir brachen von ihm auf, und er reiste mit uns ununterbrochen und weite Stationen, sieben Stationen, insgesamt gefährlich¹); und er hatte Posten, die mit ihm auf den Spitzen der Berge umherzogen.

Erwähnung des gewaltigen Flusses, von welchem man sagt, dass er zu den Wunderzeichen Gottes und zur Grösse seiner Macht gehört.

Und wir fanden zwischen diesen Bergen einen gewaltigen Fluss, der zu den bewundernswertesten Wundern Gottes gehört, dessen Kategorie²) erreicht den Nil Aegyptens, oder den Seiḥûn und Geiḥûn³). Und in ihm sind die grössten Meertiere; und als wir zu ihm kamen, ward uns in ihm etwas wie eine gewaltige Kuppel sichtbar zwischen dem Wasser an der Seite des Flusses. Da schien es uns, dass es ein Fels sei; aber als wir zu ihm kamen, fanden wir es als ein totes Thier, das Nilpferd genannt wird, dem Gott weiss was zugestossen war und es getötet hatte. Und es war von einer Grösse und Dicke, wie ich sie ähnlich nicht an Thieren kennen gelernt hatte. Über diesen Fluss nun vermag der Passant nur an bestimmten Stellen zu setzen, wo ihre Breite sich erweitert, indem in ihnen das Wasser sich ausbreitet; dann werden sie eben, indem das Wasser in ihnen nicht anschwillt, weil es (nur) mit dem Anschwellen Kraft hat. Aber wenn der Ort diese Eigenschaft aufweist, geht der Passant in ihn hinein; und das Wasser reicht bis zum Steigbügel eines den Kopf hochtragenden Hengstes. Das Maass der Breite ist in der Regel 100 Ellen. Und das Wasser dieses Flusses ergiesst sich in den Nil Aegyptens nach dem, was uns einer der Abessinier erzählte. Und Preis sei dem allmächtigen König, der uns seine furchtbare Macht offenbarte und uns die Wunderbarkeiten seiner Weisheit und Werke zeigte.

Notiz ist später gestrichen und der Name darüber geschrieben. Am Rande die Notiz: er bestätigt seinen Namen Ḳabâ-Ḳusṭûs. (Krestôs?).

¹) خَنْتَف (und مَخْوَف) wie عَتَل und مهول.

²) so Hdschrift; sollte nicht عُظْمَة, Grösse, zu lesen sein?

³) für גִיחוֹן und פִּישׁוֹן.

Erwähnung unserer Ankunft im Gebiet der Falâsa und ihres Beharrens in der jüdischen Religion.

Darnach, nach der Beendigung von sieben Stationen, kamen wir in das Gebiet der Falâsa, deren erstes ein mächtiges Thal unterhalb eines ganz ausserordentlich hohen und übergrossen Berges ist. Der Name des Thales ist 'Ugna, und der Name des Berges ist Sumein, mit Deminutivform. Und er ist der mächtigste der Berge Abessiniens. Und wenn ich sagen würde, der mächtigste 34. der Berge der Erde, wäre ich nicht weit ab von der Wahrheit, weil er wahrgenommen werden kann auf jeder der Seiten Abessiniens. Auch hat er strengen Frost, dessen gleichen ich nicht kenne in der Strenge seines Frostes; nicht hört auf ihm das Wasser auf gefroren zu sein Winters und Sommers. Und das Gebiet ist ein Machtbezirk, dessen Verwaltung einem der Vezire des Königs, der speziell zu seinem Hofe gehört, anvertraut ist, einem Manne von ihnen, Namens Damûh. Und er hat Stellvertreter und Verwalter in dem Lande; denn was ihn anbetrifft, so trennt er sich nicht von dem Hofe des Königs.

Und dieser Stamm, den man Falâsa nennt, ist ein grosser Stamm, der zu den grössten Stämmen Abessiniens gehört; und er beharrt in dem jüdischen Glauben und der Religion der Thora. Und sie pflegten vordem dem Könige den Gehorsam zu verweigern wegen der Differenz der Religion, indem sie tapfere, sehr kriegerische und heldenmütige Leute waren. Da hatte der König nicht aufgehört, gegen sie zu Felde zu ziehen und sie zu bekämpfen und von allen Seiten ihres Gebietes zu bedrängen, weil das Gebiet der Christen sie umgab, bis er sie besiegt und aus ihren Festungen vertrieben hatte. Und sie waren in den ihm zu leistenden Gehorsam getreten und gehorchten seinem Worte. Ihr Gebiet hat er zur Provinz dieses Vezirs gemacht. Und es waren die meisten von ihnen zur Religion des Christentums übergetreten, indem nur wenige fernblieben waren, ohne dass der König sie in Bezug auf die Religion angetrieben hätte, sondern nur von ihnen Gehorsam gegen sich verlangt hatte.

Erwähnung unserer Ankunft in dem Gebiet von Amḥara, das dem König direkt unterstellt und seine Stammesgenossenschaft ist.

Und es ging fort unser Marsch in diesem Gebiete, bis wir in das Gebiet der 'Amḥaren kamen, welche die Stammesgenossen des Königs sind, der Thron seiner Herrschaft und seine Helfer. Und unser Marsch im Gebiet der Falaśa's und dem der Amḥaren währte circa 12 Stationen. Nach Vollendung 35. der 12 (Stationen) aber kamen wir zu einem Dorf in der 35. Nähe der Stadt des Königs, dessen gesamte Bewohner Moslem waren. Und darin befindet sich eine Mesǵid und eine Schule zum Unterricht ihrer Knaben im Ḳor'ân. Da fühlten wir uns äusserst angeheimelt und riesig erfreut[1]), so dass von uns wich, was unsere Herzen belastet hatte, nämlich was alles wir erduldet hatten an schlechtem Umgang mit den Ungläubigen, ihren und ihrer Scheusslichkeiten Anblick, abgesehen davon, dass Gott mir die spezielle Gnade gewährt hatte, die von ihnen bereitete Speise vermeiden zu können, da ich sie (sc. die Speise) von Mehl bereitete[2]), das Moslem gemahlen hatten. Was aber die übrigen Begleiter anbetrifft, so waren sie gezwungen, ihre (d. i. von den Ungläubigen bereiteten) Speisen zu essen, — und sind ja doch Vorschriften für den Zwang, (die dies erlauben).

Als wir nun dieses speziell den Moslem eingeräumte Dorf erreicht hatten, kam ein Mann zu Ḥâǵǵ Sâlim ben 'Abd-Errahîm, dem Gesandten des Königs, der in unserer Gesellschaft war, ihm mitteilend, dass zwei Männer von seinen Geführten schon zu den Veziren des Königs gekommen wären und ihnen ein Gerede hinterbracht hätten des Inhalts: „Ḥâǵǵ Sâlim hat in seiner Gesellschaft diesen arabischen Mann mitgebracht; und zwar gehört er zu den Gesetzesgelehrten des Islâm und will den König in ihren (der Moslem) Glauben einführen und eurem Glauben abwendig machen und eure Religion vernichten." Und es hiess uns dieser Warner, zu prüfen das, was

---

[1]) lies وَسُرِرْنَا

[2]) lies بَـ: كُنْتُ أَعِدُّهُ

an Briefen des Imâms bei uns wäre, damit nicht in ihnen etwas wäre, was dies Gerücht bekräftigen könnte. Da kam 36. Ḥâǵǵ 36. Sâlim zu mir, erschreckt dadurch, voller Furcht und Zagen, und sagte mir: „Prüfe den Brief des Imâms und versichere dich seiner Worte; und wenn du in ihm etwas findest, dessen Resultat¹) bedenklich erscheint, so verbessere es und verändere seine Auslegung und sage darüber, was du willst, denn sie sind Leute ohne Verstand". Da machte ich mich daran, in den Brief zu blicken, und zwar war er ungesiegelt, und siehe da zeigte sich in ihm an Sentenzen das, wofür wir Entschuldigung finden konnten, auch wenn in ihm etwas war ungefähr wie das Wort Gottes: „Oh ihr Schriftgläubigen, kommet her zu einem Wort, das zwischen uns und euch gleich ist, dass (nämlich) wir nur Gott dienen und ihm keinen Gefährten gesellen" etc. bis zum Schluss des Verses. Da hatten wir uns für dergleichen eine Ausrede vorbereitet, wenn sich darüber Disput ereignen sollte, auf Grund davon, dass unsere Herzen dabei ruhig und beharrlich waren, indem wir in ihnen weder Aufregung noch Beunruhigung fanden. Da hielten wir dies in uns selbst geheim und behielten es für uns in unserem Herzen.

Darauf zogen wir an diesem Tage bis zu einem Platze, der an die Stadt des Königs stösst und zu ihren Seiten gezählt wird, und machten hier halt. Und diese Christen insgesamt, nicht findet sich in ihnen ein Fünkchen von Bildung und anständigen Sitten, die doch selbst das Unglück des Unglaubens nicht verhindert und von denen keine der Religionen sich der Übereinstimmung entzieht, dass sie zu den löblichen Eigenschaften und edlen Eigentümlichkeiten gehören. Was diese Leute anbetrifft, so sahen wir sie in Geiz²) und stärkster Habgier, gleich als ob sie wären ins-
37. gesamt die Charaktere jedes 37. einzelnen Mannes, ausser dass eine zwingende Hand oder mächtige Herrschaft über ihnen ist. Und zur Gesamtheit ihres Geizes gehört es, dass wir

---

¹) lies عَاقِبَته.

²) lies التَلَوُّم.

in diesem Dorfe hungernd nach Speise übernachtet haben und in ihre Häuser nur mit Gewalt gegen sie und mit Übermacht über sie eingetreten sind. Darauf sandten wir zu dem König einen Boten, der ihm unsere Ankunft an diesem Platze melden und die Erlaubnis für uns, zu ihm zu kommen, erbitten sollte. Da verspätete sich der Bote und brachte uns die Antwort erst am Ende des zweiten Tages wegen der Entfernung der Ankunft zum König und der Schwierigkeit zu ihm zu kommen, sowie des schlimmen Verfahrens seiner Vezîre und Diener. Und als die Antwort des Königs zu uns kam, indem er uns in die Stadt einzuziehen und in einem der Häuser der Vezîre, eines Mannes¹) von ihnen, dessen Name Hawâriâ²) war, zu übernachten hiess, zogen wir ein während des Restes dieses Tages, und zwar am gesegneten Freitag, am Ende des siegbringenden Monats Ṣafar, im Jahre 1058.

Da passierten wir die Gässchen der Stadt, indem sich schon in ihnen ein Haufen männlicher und weiblicher Christen nach ihren Sitten ohne Verschleierung der Frauen angesammelt hatte, dessen Menge nur Gott weiss und dessen Zahl nicht zählen kann ein anderer als er. Und dies war deswegen³), weil ihre Motive sich vermehrt hatten⁴), und ihr Wunsch stark geworden war, diese ankommenden Araber zu sehen und ihre Wesenheit als ungewohnten Anblick und bei ihnen wunderbare Sache. Wir gelangten nun zu dem Hause dieses Vezirs, in dem für diese Nacht abzusteigen der König befohlen hatte; und es kamen zu uns Gastgeschenke vom Hause des Königs, ferner von allen Vezîren an fertiger Speise, vielem Honig, Rindern und Schafen, von jeglichem das, was ihm leicht zu geben war, und zwar gemäss seiner Lage.

38. Und sie hatten mitten unter diesen Gastgeschenken etwas von Krügen des besten Weines beigegeben, was nach

---

¹) رجل, also beide Konstruktionen als möglich in der Hdschrift gegeben.

²) = Apostel (abessinisch).

³) lies لأ.

⁴) hier die V. Form statt der VI. gebraucht.

ihrer Meinung das Gastgeschenk erst zu einem vollkommenen macht und zu dem gehört, was sie den Gästen als edelste Gabe schenken. Da gab ihnen Ḥāǧǧ Sâlim ben ʻAbd-Errahim, der Gesandte des Königs, den Wink, dass sie dies fortnehmen sollten, und erklärte ihnen die ihn[1]) betreffende Vorschrift in der Religion des Islâm, durch welche Gott uns geehrt und mit deren Ansehen er uns gestärkt hatte. Und sie beeilten sich sofort, es fortzunehmen.

Als darnach der Morgen dieser Nacht, aus der er hervorleuchtet, anbrach, gab der König uns Ordre, indem er unser Kommen zu ihm begehrte. Da gingen wir zur Burg des Königs und erstiegen ein hohes Haus, ein erhabenes Bauwerk[2]), das zu den wunderbarsten der bewunderungswerten Gebäude und den schönsten der ausgezeichneten Wunderwerke gehört, aus Stein und Kalk gebaut. Und es giebt in dieser Stadt, ja in ganz Abessinien kein anderes ausser ihm, (da es von sehr vollkommener Erscheinung und schöner Gestalt ist), weil alle übrigen Häuser in diesen Wohnorten nur Nester aus Erdgras sind. Der Baumeister dieses Hauses war ein Inder und die Eigenschaft seines Baurisses entsprechend den Methoden seines Landes. Und diese Burg, welche die Eigentümlichkeit der Königshäuser teilt, befindet sich an der Seite der Stadt und auf dem höchsten Punkte in ihr; und sie umfasst zahlreiche Gehöfte und langgestreckte Höfe. Rund um diesen Wohnplatz sind andere Gebäude aus Erde, ausgedehnt in Länge, Breite und Höhe in einer Ausdehnung, welche das Auge noch an keinen Gebäuden gesehen hatte. Und diese Wohnungen sind ausgerüstet, weil der König in ihnen zu verkehren pflegt, und es ist in jeglicher Wohnung das, womit 39. sie ausgestattet sein muss, an manigfaltigen byzantinischen Betten[3]) und indischen Matratzen, welche mit Gold verziert sind, und prächtigen Sophas, welche mit

---

[1]) sc. den Wein.

[2]) lies بُنَيَّة, gegen die Hdschrift, welche بِنْيَة (بَنِيَّة) bietet

[3]) lies اَلْفُرُش.

Schmuckstücken und Juwelen besetzt sind. Und diese Sitze sind unübertrefflich als Glanz für den Beobachter und als Würde für diesen ungläubigen König.

Als wir nun zu dem König kamen, da hatte sich schon sein Hof in diesem Hause aufgestellt, und die Höflinge, nämlich die Vezire etc., hatten sich in höchsten, prachtvollsten Staat geworfen, in der Art, dass[1]) sie mit Goldborten verzierte Brokatplaids und gestickte Seidenkleider angezogen hatten, mit bezug auf welche der sie Betrachtende vor der Fremdartigkeit der Kunst und dem Extrem des Wunderbaren ganz starr wird. Und sie hatten um ihre Taillen goldne, mit prächtigen Steinen und köstlichen Juwelen verzierte Gürtel gelegt, welche ihnen in dieser Welt gehören und uns, so Gott will, in der künftigen. Darnach hatten sie Klingen von Sennâr in ihre Hände genommen, die ebenso mit dem besten reinen Gold verziert waren. Und sie hatten diesen Reichtum eilig gerüstet, welcher mit Bezug auf den Untergang schneller ist, als der verschwindende Schatten. Darnach hatten sie sich in dieser Sitzung zu einer Aufstellung von schönster Ordnung angeordnet zugleich mit der Vollkommenheit ihrer Gestalten, gemäss dem, wie Gott sie geschaffen hatte, an Länge der Körper. Und ihr äusseres Wesen erschien dabei nicht entstellt durch die Kohlenschwärze. Und ihre Häupter waren unbedeckt, mit feinem, gekräuseltem Haar; und an ihren Händen waren goldne Ringe, und in ihren Ohren wie Feuer flammende, perlenschimmernde Ohrgehänge. Alles in allem 40. habe ich an 40. Eigenschaften des Königtums nichts gesehen ausser diesen beschriebenen Dingen; und was anbetrifft das, was ihnen an Schönheit gleich war, so war sein Freisein davon ein vollständig abgeschnittenes. Aber als wir diese Zurüstung und Anordnung sahen, da hatten wir schon etwas von jener Rede im Sinn, deren Erwähnung wir vorausgeschickt haben, und es fiel uns ein, dass diese Vezire durch diese Versammlung den wahren Sachverhalt dessen, was ihnen berichtet war, zu erfahren wünschten und dass es möglich sei, dass sie den

---

[1]) دحيت für أَ حَيْثُ

Brief des Imâms zu lesen wünschten, den wir bei uns hatten, da diese Vezîre grosse Gewalt über den König haben und ausgedehnte Vollmacht in allen Angelegenheiten. Als wir nun auf den König blickten, da fanden wir, dass er schon von seinem Thron herabgestiegen war und sich als Ehrung für uns und Achtungserweis für unsern Imâm auf die Erde gesetzt hatte. Und seine allbekannte Sitte ist, dass er nur bei der Ankunft desjenigen von seinem Thron herabsteigt, der auf der höchsten Stufe des Ranges steht und der grossartigsten Art der Ehrerweisung würdig ist. Ferner setzt sich keiner vor ihm ausser mit seiner Erlaubnis; und er erlaubt es nur dem, dessen Stellung derart ist. Als nun die Sitzung mit uns sich niedergelassen hatte, empfing uns der König, indem er schon für einen vornehmen Dollmetsch gesorgt hatte, sagend, dass er zur Familie Huscin's, des Sohnes Ali's, über dem das Wohlgefallen Gottes ist, gehöre, vom Lande Buḫâra. Und zwar gehörte jener zum intimsten Kreise des Königs, indem (ihm) Satan den Glauben geraubt und den Sieg über ihn davon getragen hatte. Und er wandelte im Unwillen des Allerbarmers. Denn er war ihr sie verführender Satan. „abgesehen von dem, was dein Herr will, denn dein Herr ist einer, der das thut, was er will." Und dieser Šerîf verstand die Sprache 41. der Araber aufs schönste und übersetzte aus ihr in treuster Weise. Nun stand er vor dem Könige, übersetzend von uns und von ihm. Und er fragte uns nach dem Befinden des Imâms und wiederholte die Frage, und bemühte sich eifrigst um die Feststellung des Wohlseins des Imâms und seiner Neffen mit anteilsvollsten Ausdrücken [1]). Darauf begann er nach dem Briefe des Imâms zu fragen, der in unserer Hand war, und begehrte ihn von uns in Hörweite seines Hofstaats. Da ward jener Verdacht bestärkt, als er uns damit zuvorkam. Wir antworteten ihm also, dass wir einen Brief bei uns hätten und dazu ein Geschenk von seiten unseres Imâms an den König, und dass sich für seine Übergabe wie die des Geschenks eine andere Sitzung als diese gehöre, wie es ja die bekannte

---

[1]) lies الاستفصاء, wie die Hdschrift richtig bietet.

Regel sei. Da antwortete uns der dollmetschende Šerif, bevor er noch dem Könige Bericht erstattet hatte „die Regeln dieser Leute sind andere als die, welche ihr kennt; und zwar sind sie so, dass derjenige, der wie ihr jetzt kommt, sein Geschenk sofort bei der Ankunft dem Könige darbringt." Wir aber sagten ihm: „Berichte dem Könige, was wir gesagt haben, und entschuldige uns für unsere Unkenntnis." Also berichtete der Šerif, was wir ihm zu wissen gethan hatten, und er nahm unsere Entschuldigung an. Dann sagte er uns darnach: „An was für einem Platze wollt ihr absteigen? In den Quartieren der Christen oder denen der Moslem?" Es sind nämlich hier an einer Seite der Stadt spezielle, abgeschlossene Ghettos für die Moslem. Da erwiderten wir ihm: „Die Quartiere der Moslem sind am passendsten für uns, wie übrigens jedes in eurem Schutz und Bezirk." So beorderte er denn mit uns diesen Šerif, damit er uns in Häusern unterbrächte, die uns anstünden. 42. Das that der 42. Šerif. Und wir prüften in dieser Nacht noch einmal den Brief des Königs, die Namen der Geschenke in ihm und diese selbst.

Darnach erbaten wir beim Könige die Erlaubnis, am zweiten Tage mit dem Geschenk zu ihm zu kommen, und er gewährte sie uns. Und wir machten uns damit auf zu ihm und fanden seinen Hof, gleichwie er am Tage vorher gewesen war. Da gaben wir ihm den Brief; und es las ihn der dollmetschende Šerif laut vor, indem er den Hofstaat ihn hören liess, und übertrug ihn in ihre Sprache, die sie verstanden. Darauf übergaben wir das Geschenk in seinen Teilen Stück für Stück, bis wir zum letzten kamen. Und als wir die Übergabe beendet hatten, baten wir¹) den König, dass er uns einen Mann von seinen Begleitern und Dienern bestelle, der damit beauftragt sei, ihm unsere Wünsche zu melden mit Bezug auf das, was uns passiere. Da hiess er dies gut und betraute damit den vorher erwähnten Vezir Namens Hawâriâ. Darnach verliessen wir seine Majestät. Und

¹) lies سَأَلْنَا.

er hatte schon diesem Vezir befohlen, dass er für uns den Unterhalt und was damit zusammenhänge, anweisen lasse, womit er uns zur Genüge versorgen könne, und hatte ihm eingeschärft, dass er in sorglichster Weise auf unsere Lage Acht habe. Da hatte er für uns von Seiten des Königs für jeden Monat 30 Lasten Weizen und 40 Stück Hammel und 4 Stück Rindvieh und 20 Krüge Honig und 6 Krüge Butter anweisen lassen. Und es blieb bei dieser Anordnung in jedem Monat.

Erwähnung unserer Audienz beim König zur Kenntnisnahme der Angelegenheit, wegen der unser Kommen zu ihm gewünscht worden war.

Als nun 6 Tage seit unserer Ankunft vergangen waren, wünschte der König, dass wir zu ihm kämen, und befahl uns, dass wir die Geleitschar verkleinerten. Da merkten wir, dass er diejenige Audienz vorhabe, in welcher die Enthüllung des Geheimnisses stattfinden sollte, zu welchem die Erzählung[1]) hingeführt werden wird. So machten wir uns auf zu ihm; und es geleitete uns unsere Gesellschaft, nur dass sie nach ihrer Ankunft zu seiner königlichen Majestät von uns herausging und im Hofraum des Palastes stehen blieb. Auch von den Veziren blieben bei seiner Majestät nur drei von ihren höchstgestellten, die nicht herausgingen, während die übrigen Vezire und Diener sich ein wenig unsern Blicken entzogen, indem sie (sc. die drei) sich anschickten, zu hören, was von der Angelegenheit gesagt werde. Es war also hier keine Vorsichtsmassregel, das Geheimnis zu bewahren, noch Hut vor Veröffentlichung und Verbreitung. Und es befahl der König Ḥâġġ Sâlim, seinem vorerwähnten Gesandten, dass er in dieser Audienz von ihm und von uns dolmetsche. Und er sprach sich gegen uns deutlich aus über sein verborgen gehaltenes Geheimnis und eröffnete uns, was er in seiner Brust verschlossen hatte, bis er zum Schluss kam Und von uns wurde gewünscht, dass wir diese Angelegenheit bei uns behalten, vor Veröffentlichung bewahren und vor Fiasco behüten sollten, bis wir sie unserem Herrn,

---

[1]) In der Anmerkung zum arabischen Text ist natürlich zu verbessern: unter ف des nunmehrigen grammatischen Subjects.

dem Fürsten der Gläubigen. Gott mache seine Tage und
Jahre lang, so, wie sie war, mitteilen würden. Was nun die
Antwort darauf anbetraf, so ward keine von uns gefordert,
gleichwie dies ja erkannt werden konnte aus dem logischen
Zusammenhang des Beginns dieser Erzählungen, abgeschen davon, das wir 44. unsere Übereinstimmung in dem mit ihm an 44.
diesem Platze aussprachen, was sich mit Bezug auf Beschleunigung der Rede und Kennenlernen dieser Angelegenheit durch
vollständige Annäherung für den Augenblick schickte. Und wir
beschlossen diese Sitzung damit, dass wir von Seiten des Königs
den wahren Sachverhalt erfuhren dadurch, dass wir ihn nach
dieser Angelegenheit fragten: „Ist dies dasjenige, wegen
dessen unser Kommen zu ihm gewünscht war." Da sagte
er: „Ja, dies gerade ist es. Und es ist eine wichtige Sache,
welche nur Euresgleichen bewahren können." Da sagten
wir: „Ist nichts in eurem Herzen zurückgeblieben? Diese
Audienz ist doch ganz geeignet dazu, dass in ihr den Sachen
auf den Grund gegangen werden kann und die letzten Geheimnisse mitgeteilt werden können." Da sagte er: „Das
ist's, und nichts anderes blieb übrig, wegen dessen wir euer
Kommen zu uns begehrt haben." Da entfernten wir uns von
dieser Sitzung und begannen seinen Zustand zu betrachten;
und nicht fanden wir einen Zugang dazu, tief mit ihm in
diejenige Sache einzudringen, welche der Endpunkt der
Hoffnung und das äusserste Ziel war. Denn nicht fanden
wir in diesem Haus für jenen Ruf einen Werber, noch den,
welcher auf ihn antwortete. Da waren wir und er in der
Lage dessen, von dem gesagt wird:

„Du bist fürwahr in einem Thal und wir in einem
(andern) Thale. Und wahrlich viel existiert zwischen
einem Wünschenden und (s)einem Wunsch."

Da wandten wir uns abweisend von ihm, liessen vor
ihm einen Schleier fallen und verschlossen uns vor ihm.
Ferner war zu uns direkt nachdem wir zu Seiner Majestät
gegangen waren, ein Gesandter von einigen Jemenischen
Kaufleuten in Musawwa' gekommen, der uns von den Angelegenheiten Jemens und dem Zustande unseres Imâms und
der guten Ordnung der Geschäfte unserer Herren, 45. Gott 45.

stärke sie mit seiner mächtigen Hilfe, erzählten, was wir nur wollten. Da erfreute uns das ganz ausnehmend, und wir priesen Gott für diese guten, tröstlichen Nachrichten. Dann machten wir uns eilig daran, unserm Herrn, dem Fürsten der Gläubigen, Gott dehne aus seine Tage und Jahre, genaue Kunde zu geben; und wir rechneten es zur wichtigsten Angelegenheit und zur geeignetsten dessen, was die enge Brust wieder weit macht, dass wir unsern Herrn, den Fürsten der Gläubigen, darüber unterrichteten, dass wir auf der Seite von Musawwa' (aus Abessinien) heraus zu gehen beabsichtigten und dass er, Gott schütze ihn, an den Paša der Türken dort schreiben möchte, um uns von ihm sicheres Geleit zu verschaffen, und dass die Rückkehr auf jenem Wege, auf dem wir hineingekommen waren, unmöglich und undurchführbar sei, „nicht wird ja der zweimal gebissen, der sich vor dem Schlangenloch in Acht nimmt." Da machten wir für unsern Herrn einen Brief zurecht, der dies entscheiden konnte.

Erwähnung der Ankunft des Gesandten von der Seite des Paša von Su'âkin an den König und dessen, was zwischen uns und diesem Gesandten an Präliminarien über das Ziehen auf dem Wege von Musawwa' mit seiner Förderung und Unterstützung passirte.

Darauf gehörte es zur verborgenen Gnade und Unterstützung Gottes, durch welche er das, was wir begreifen, Lob sei Gott, und zwar jeden Wunsch und jegliches Begehren übertrifft, dass zu seiner Majestät dem Könige ein Gesandter von Seiten des Paša's der Türken in Su'âkin kam als einer, der seinen Verkehr durch ein Geschenk angesehener machte. Und dieser Gesandte war ein Mann arabischer Zunge von den Leuten von Su'âkin mit Namen Emir 'Abd-Elwahhâb, guten Charakters, voll trefflicher Eigenschaften, vollendeter Umgangsformen, interessant im Gespräch, geistig hochbeanlagt und im Besitz der Tugend der Redlichen, welcher den Kor'ân trefflich auswendig konnte mit allen Meinungen, und obendrein bewandert war in Biographie und Litteratur, kurz es gehörte zu den Wohlthaten Gottes für uns, dass er uns erfrischte mit seiner Bildung, und dass der äusserste Kummer durch ihn vertrieben ward, und dass 46. Gott uns bei ihm vielen Nutzen und herrliche Wohlthaten anwies. Und als wir die Schönheit seines Umgangs sahen, die Aufrichtigkeit seiner Freundschaft und seine offenbare Ehrlichkeit und Zuverlässigkeit, eröffneten wir ihm unsere heimliche Absicht, auf der Seite von Musawwaʻ herauszugehen, ferner, dass wir dies schon unserm Herrn, dem Fürsten der Gläubigen mitgeteilt hatten, ohne jedoch zu wissen, ob er dies billige, und indem wir fürchteten, dass ihm etwa in den Sinn käme, dass die Rückkehr auf diesem Wege, auf dem wir hineingezogen sind, leicht von statten gehen würde, oder wenigstens unter Ertragen einiger Beschwerlichkeiten, von denen die Lage der Reisenden meist nicht frei ist; sonst muss ihm notwendig mitgeteilt werden, dass er, wenn er sähe, was wir gesehen, und erlebte, was wir erlebt haben, unter keinen Umständen uns dies zumuten würde. „Und wir wünschen, dass dieser Beschluss durch dich ausgeführt und die Sache dir ganz überlassen werde. Also gewähre¹) darin Unterstützung und zeige schönen Eifer in der Vorbereitung dazu "

Wenn der Freund den Nutzen eines Freundes erstrebt,
Weiss er am besten, wie er zu seinem Nutzen wirken kann.

Da gab er eine treffliche Antwort und enthüllte durch ihre Erklärung das Antlitz des Richtigen und sagte: „Nachdem ich von euch diese Geschichte gehört habe, da bin ich entschlossen²), dir zu geben meine Fehler und Kümmernisse.³) Wisse, dass ich nur mit diesem Geschenk zu diesem Könige gekommen bin, um dadurch zur genauen Einsicht in eure Affairen zu kommen. Denn als Muḥammed Paša, den Befehlshaber von Suʻâkin, die Nachricht von eurem Eindringen auf der Seite von Beilûl erreichte, da liess ihn 47. dies nicht 47. ruhen, versetzte ihn in Aufregung und vertrieb seinen Schlaf. Drum suchte er zur Kenntnis des wahren Sachverhalts dieser Angelegenheiten dadurch zu kommen, dass wir, wie du siehst, hier eintreffen mit diesem Geschenk, wobei der darin ein-

---

¹) lies فَابْذُلْ.

²) lies عزمت.

³) lies غَنْجَرِى وَنُجَرِى cf. Bostânî unter عجر.

gekleidete verborgene Zweck die Erforschung dieses Geheimnisses ist. Und was diese Sache anbetrifft, die ihr von ihm verlangt, so kann sie sich in der schönsten Weise entledigen durch die Gnade und Güte Gottes, seine Wohlthat und Hilfe, denn es giebt keine Kraft und Macht ausser durch Gott, den erhabenen und grossen, und durch Gottes, des mächtigen und weisen, Segen." Und wir einigten uns darüber, dass die Meinung des Königs in dieser Angelegenheit einzuholen sei, obwohl wir freilich von seiner Intention wussten, dass er die Passage auf Seiten der Türken nicht wünschte, weil die Abessinier mancherlei Gewaltthätigkeit von ihnen erlitten hatten, ihnen ihre Güter fortgenommen waren und sie schlecht behandelt wurden. Deshalb nämlich wünschte der König die Öffnung jenes Weges auf der Seite von Beilûl. Und vielleicht war dies sein verborgener Endzweck mit Bezug auf jene ununterbrochene Verbindung zwischen ihm und unserem Imâm. Wusste er doch, dass ihm die Öffnung dieses Weges nicht endgiltig gelingen konnte ohne eine kräftige Unterstützung mannigfacher Art, wozu die wiederholte Entsendung¹) der Boten von Seiten des Imâms auf diesem Wege gehörte Denn durch ihre Kraft, mit Unterstützung Gottes und dadurch, dass sie sich Flinten mitnahmen, wäre es vielen von den abessinischen Kaufleuten leicht geworden, hinein- und hinauszugehen, da sich dann ihre (sc. der Wege) Schwierigkeiten leichter gestaltet und ihre Gefahren verringert hätten

Und unser Gesandter zum König, um ihn darum zu bitten, war der vorerwähnte Šerîf Muḥammed ben Mûsa Elbûhârî. Und als der ihm dies mitteilte, antwortete der König sogleich zustimmend und Hilfe für diese Absicht versprechend. Doch diese seine Antwort 48. resultierte daraus, dass ihm die Idee unvermutet vorgebracht wurde; und es liegt nahe, dass er damals durch seinen Rausch verwandelt war und ohne festen Plan, wegen dessen nämlich, was sich uns nachher von seiner Seite an starker Reue über seine Zustimmung zeigte und an Kummer über den Beschluss,

---

¹) lies اَرْسَلَهُ.

welchen er doch aus- und durchführte. Als nun seine zustimmende und einwilligende Antwort zu uns kam, schrieb der Emir 'Abd-Elwahhâb schleunigst einen Brief an Muḥammed Paša, in welchem er ungefähr das, was wir ihm mitgeteilt hatten, erwähnte, und sandte damit sofort einen Boten ab. Darauf wurde hinterher die Meinungsverschiedenheit des Königs mit uns erneuert, und er sagte: "Eure Passage auf der Seite der Türken ist undenkbar und unmöglich; denn sie sind unsere und eure Feinde und unzuverlässig." Da sagten wir: "Was ihre Feindschaft anbetrifft, so kennen wir die wohl. Aber Verrat von ihrer Seite erwarten wir nicht. Denn Verrat wird von jeder Religion und von den Regeln jeden Gesetzbuches getadelt. Siehst du denn nicht, dass wir in euer Land eingetreten und zu euch lediglich auf einen Brief von euch gekommen sind, während ihr euch doch von uns in Glaube und Religion unterscheidet, denn ihr seid Bekenner des Christentums, wir des Islams. Und wenn wir nicht auf euer Wort vertraut hätten, wären wir nicht zu euch gekommen. Und wir haben ja auch infolge davon nur Vertrauen und Ehre, Heil und Frieden gefunden. Die Türken nun stehen auf dem Boden unseres Glaubens und unserer Religion, und ihr (heiliges) Buch ist 49. unser Buch, ihr 49. Prophet unser Prophet. Und wie sollten wir da nicht die uns von ihnen gebotene Sicherheit[1]) annehmen und für das wichtigste Unterpfand zwischen uns und ihnen halten?"

Der König hatte aber nur den Wunsch, dass wir auf dem Wege von Beilûl zurückkehrten, und zwar durchaus wegen jener Zwecke, die er im Auge hatte. Daher folgte nun unaufhörlich eine lebhafte Verhandlung hin und her zwischen uns und ihm und mannigfaltige Reden[2]); und er liess durch viele Leute auf uns einwirken und erklärte einiges von dieser Angelegenheit unsern Gefährten heimlich und öffentlich und setzte sie in jegliche Furcht, auf der Seite der Türken zu gehen. Und der König hatte,.

---

[1]) lies الأَمَان.

[2]) lies وَالأَقْوَال.

wie ich fest glaube, keine vollständige Kenntnis der Eigenschaften dieses Weges, den er wünschte, nämlich auf der Seite von Beilûl; denn[1]) wenn er ihn ganz richtig gekannt hätte, dann glaube ich nicht, dass er ihn gut befunden hätte, während ein anderer existierte. Als nun die Unterhandlung darüber zwischen uns und ihm lang gedauert und er eingesehen hatte, dass wir bei dieser Absicht verblieben, ohne uns von ihr abwendig machen zu lassen, hat er uns zu ihr helfen müssen, nur dass er von uns einen Zeugen mit seinen Briefen verlangte, die in seiner Hand sein sollten[2]), der berichten sollte, dass er an diesem Beschluss schuldlos sei, und dass das Ergebnis desselben an Heil oder Reue für uns und auf uns sei. Da bestellten wir ihm einen Zeugen, und er nahm[3]) ihn fort von uns. Und er hatte uns durch ihn über uns selbst Zeugnis ablegen lassen und ihn diesem Gesandten, der zum Imâm gekommen war und in dessen Gesellschaft wir hineingezogen waren, gegeben, weil der König beschlossen hatte, dass er zu seiner Hoheit dem Imâm zurückkehren sollte. Darnach liess er uns unseres Weges ziehen mit dem Beschreiten dieses Weges, 50. dessen Ende, Gott sei Preis, löblich, und bei welchem der Beschluss, ihn zu beschreiten, der richtigste und glücklichste war.

Aber wir haben nunmehr mit Rücksicht auf die gute Ordnung der Erzählung vorgegriffen, und es sind uns Dinge übrig geblieben, die zu erwähnen keine Müdigkeit hindert, von dem nämlich, was eng zusammengehört mit den Tagen unseres Aufenthaltes bei seiner Majestät dem König. Freilich haben wir die Erwähnung dessen vorausgeschickt, was er an festem Unterhalt in jedem Monat unter der Aufsicht dieses Vezirs mit Namen Hawâriâ angeordnet hatte mit Beteiligung aller Vezire in diesen Geschäften und ihrem Wetteifer dabei, gleichwie das ihre bekannten Sitten in allen Dingen sind. Denn Verwaltung und Regierung, welche sich in Wahrheit im Stadium der Vernichtung befinden, sind nur in ihren

---

[1]) وال الّا und بـ mit dem Imperfect nähern sich der Vulgärsprache.
[2]) lies بَكْتبْ تَكُونْ.
[3]) streiche das zweite ا und lies وقبضه.

Händen und richten sich nach ihrem Willen, während ihre
Ansichten übereinstimmend sind im Gleichgewicht, vereinbart
unter einander im Folgen der Leidenschaften, über welche
kein Streit erscheint, noch Abwehr zwischen ihnen vorkommt
Ihre Thaten sind basiert auf Gewalt und Genuss von Be-
stechungen, indem sie offen damit unter einander operieren
und sie den Leuten, die etwas nötig haben, als allgemein
bekannte Bedingungen vorschreiben, ohne sich dabei zu ver-
stecken und dessen zu schämen. Da wollten sie wegen
dieser gemeinen Eigenschaften, die sie hatten, die Entscheidung unserer Wünsche und die Durchführung unserer
Angelegenheit verzögern, damit sie uns zwingen könnten, in
diese Bedingungen einzutreten 51. und uns in diese Schänd- 51.
lichkeiten einzulassen. Aber ihre Hoffnungen wurden an uns
zu Schanden und ihre Handlungen erreichten jene nicht
wegen dessen, was sie sahen an der Höhe unserer Stellung
beim Könige und an (der Möglichkeit unseres) Kommen zu
ihm zu jeglicher Zeit, wo wir es von ihm wünschten. Da
beneideten sie uns darum, und wir erlangten von ihrer
Seite Feindschaft und heftigen Hass, und listige Nachstellung
und Widersetzlichkeit.

Erwähnung des Brandunglücks, dass uns in der Stadt des Königs passierte.

Und zu dem[1]), was wir ihnen Schuld gaben, gehört die
Angelegenheit des Brandes, die uns dort passierte. Denn
sein Urheber konnte allein unsere Vernichtung durch Feuer
beabsichtigt haben, nur dass Gott, ihm, dem Erhabenen, sei
Preis, durch seinen Schutz uns leben liess und dem, der damit
sich bemühte, seine List und Hinterlist vergeblich machte.
Und der Brand trug sich so zu, dass wir in einer der
Nächte, während die Wachen auf ihren Betten ruhig lagen
und die Seiten ihre Ruheplätze eingenommen hatten, erst
etwas merkten, als das Feuer sich auf der Seite der Kammer[2]), wo wir waren, entzündet hatte, zugleich mit der
Stärke heftiger Windstösse und ihrer niederbrechenden Stürme.
Da entzündete es sich eiligst und verdarb alles, was bei uns

---

[1]) lies ــــ: der Strich, der das erste Zeichen einem ſ ähnlich macht,
scheint nicht zu gelten.

[2]) eig. Nest.

war an Werkzeugen und sämtlichem Gepäck. Und wir konnten, nachdem das Feuer sich gezeigt hatte, nur uns selbst retten. Aber Lob sei Gott, der uns aus diesem Unglück rettete. Das nun, was uns bei diesem Brande am meisten Sorge machte, waren die Bücher, die wir mitgenommen hatten. Denn einige waren ganz verloren gegangen, und von einigen war etwas übrig geblieben, und bei anderen war Schaden und Mangel an ihrem heilen und guten Zustande passiert, bis auf zwei Koranexemplare, die in dieser Kammer waren. Denn wir fanden sie beide heil, ohne dass sie irgend etwas betroffen hatte, und nur bei einem von ihnen beiden war auf seinem Deckel ein ganz kleines Malheur passiert, und das war alles. Und dies gehörte zur Gnade Gottes und zur Ehre seines Buches. In Folge dieses Brandes nun zeigte sich bei uns grosse Furcht und heftiger Schreck, indem wir unsere Errettung aus ihm, Gott sei Preis, für eine sehr grosse Wohlthat und Gnade hielten, deren Stern am höchsten Himmel des Glückes aufgegangen war:

Wenn nur bewahrt sind die Häupter der Männer
vor der Vernichtung.
Was gilt da das Vermögen ausser etwa wie das
von den Fingernägeln Abgeschnittene.

„O Gott, wir nehmen unsere Zuflucht zur Grösse deiner Verzeihung und suchen Schutz in dem Verborgenen deiner Güte vor deiner Strafe, welche nur dein Wille entfernen kann; denn wir haben wider deine Strafe keine Stärke, keine Macht noch Kraft ausser in dir."

Und als diese Sache zum Könige gelangte, trieb ihn dies unruhig auf und nieder, und er wetterte deshalb heftig wider die Leute los, bis die Vezire sie ihm unaufhörlich als unbedeutend hinstellten und als gering schilderten. Da liess er die Sache unbeachtet und wandte sich davon ab, sich mit ihr zu beschäftigen. Und wir unsererseits kümmerten uns nicht darum, derartiges dem Könige zu melden, und als er uns darnach fragte, sagten wir ihm, die Sache hatte nichts zu sagen; und wir zeigten ihm keinen Ärger über irgend einen der Leute, sondern wandten uns deshalb nur an Gott um Hilfe, indem er Geduld verleiht, Ausübung der Vorsicht, Zugesellung der Klugheit und verständige Erwägung. Und wir waren damit beschäftigt, mit dem Könige über die Realisierung seiner uns gewährten Erlaubnis zu disputieren, nach unserer Heimat zurückzukehren, und eifrig die Ausführung unserer Reise zu betreiben. Aber unaufhörlich hielt er uns mit Versprechungen hin, bewegte sich hin und her mit Ausflüchten, bis uns neun volle Monate vergangen waren, abgesehen davon, dass sich bei der Zurüstung des Königs zu unserer Verlegenheit das Eintreten des Herbstes ereignete, und was in ihm gewöhnlich ist an unaufhörlichen und ohne Unterbrechung in allen Stunden Nachts und Tags fortdauernden Regengüssen. Er dauert aber ununterbrochen vier Monate, ohne dass seine Wolken verjagt und sein schwächerer oder stärkerer Regen von diesen Gegenden entfernt wird, so dass sie viel an Proviant des Unterhaltes zurüsten und an dem, was sich ihm anschliesst, an regelmässigen Ausgaben ungefähr genug für die Tage der Regenperioden, wegen dessen, was sich an Absperrung der Menschen und Unterbrechung der Strassen ereignet. Und wir haben diese Gegenden bei diesen Regengüssen den Augen sich zeigen sehen mit dem Wunderbarsten, was man je gesehen hat an schönem Grün und entzückender Frische in Berg und Thal an allen Seiten und Hängen, und aufsprossen dabei mit mannigfachen wilden Blumen in der Farbe des grünen Smaragds und der roten Rose und des gelben 54. Goldes. 54. Und zuweilen nehmen sie von diesen erwähnten Blumen und extrahieren daraus eine wunderbare Farbe, die sie mit etwas Moschus aufbewahren; darnach färben sie damit Gewänder und eine Art Decken, welche den byzantinischen Decken ähnelt, denn es ist eine klare Farbe und wohlgeeignetes Colorit. Indem nun diese Regengüsse sich ununterbrochen aneinander schliessen und unaufhörlich in allen diesen Gegenden folgen, ist das Reisen in jeder Beziehung nicht leicht, noch sind die Menschen sicher davor, in Gefahren zu fallen. Da blieben wir denn während dieser Zeit, wie die über Kohlen des 'ada [1]) — Baumes zusammengeballte Hand, indem Geduld (bewiesen wird) bei dem Brennen der Flamme:

---
[1]) eine Tamariskenart mit sehr festem Holz, deren Kohle lange glühend bleibt, ohne zu erlöschen.

„Ich gab zufrieden mich gezwungen, denn erzwungen war die Einwilligung"

„Wer hegte Zorn auf Grund des Wendens einer Bestimmung?"[1])

Erwähnung des Feuers, welches zur Zeit des Herbstes in Abessinien vom Himmel herabkommt.

Und zu den Wundern, welche wie erwähnt zuweilen zu dieser Zeit des Herbstes in diesen Gegenden sich ereignen, gehört das Herabkommen von Feuer vom Himmel, das man wie einen mächtigen Rauch sieht, der sich in der Atmosphäre des Himmels ballt, indem ihn der Wind Stück auf Stück zusammenhäuft. Dann fällt es zusammen herunter, indem sie[2]) es mit ihren eigenen Augen auf die Erde fallen sehen. Trifft es Häuser, so steckt es sie in Brand, und fällt es auf lebende Wesen, vernichtet es sie. Dies hatten wir freilich nicht mit eigenen Augen gesehen, sondern es hat es uns nur einer (55.) von unserer Geleitschar berichtet, welcher in der Wüste spazieren ging. Da war das an dem Platze passiert, wo er gewesen war. Als er uns dieses nun berichtet hatte, fragten wir oft danach Leute von jenen Gegenden. Und die teilten uns mit, dass dies eine bekannte Sache sei, eine ganz offenkundige Angelegenheit. Drum sei Preis dem mächtigen König, der durch seine Zeichen Furcht erregt, der seinen Knechten zeigt, was er sie hat sehen lassen, an Beweisen seiner Gnade und Macht „siehe darin liegt doch wahrlich eine Deutung für die, so da Augen haben."

Als nun die Tage des Herbstes zu Ende waren, haben wir uns wieder an den Disput mit dem König und sein Postulat in Sachen der Reise gemacht und daran, ihn anzustacheln, sein Versprechen zu erfüllen, welches das Beste von dem war, was die Gespräche enthalten hatten, und das Vorzüglichste von dem, was mitten in dem Bericht erwähnt war. Da nahm er wieder diese lügnerischen Vertröstungen und 'urkûbischen[3]) Versprechungen auf: sind sie ja doch auch

[1]) d. i. gegen die Bestimmung des Gottes.
[2]) die Abessinier.
[3]) d. i. trügerischen. Vergl. die Sprichwörter im Meidani, Peirutiner Bearbeitung und Ausgabe 1895 I S. 219 أخلف مِن عرقوب und II

meist in der Lage, dass sie die Lüge (gleichsam) für Hemd und Rock halten, sie gegenseitig anwenden, ohne sie für vernichtende Schande anzusehen. Wir aber suchten während dieses Aufenthaltes von den Kennern ihrer Religion und den Lesekundigen ihrer (heiligen) Schrift einen, mit dem wir zusammen kommen könnten. Aber wir fanden von denen, die dies verstanden hätten, keinen, ausser die von ihnen, welche benannt werden mit dem Namen des Mönchstum; und auch von denen werden allermeist die Regeln ihrer Religion nicht studiert, sondern sie bewegen sich nur in Askese und Gottesdienst, Neigung zum Eremitendasein und Enthaltung vom Beischlaf. Und was sie anbetrifft, so kamen viele von ihnen zu uns, und wir suchten mit ihnen in einige Punkte der Wissenschaften der Religion einzudringen. Aber nicht fanden wir bei ihnen, so weit wir wenigstens wissen, dass sie zu den Kennern ihrer Wissenschaft gehören, denn die Diction der Gelehrten lässt sich ja nicht verbergen.

Erwähnung des Abûna, und was mit ihm passierte, nä! mlich die Gefangennahme durch die Hand des Königs.

Nun war uns schon früher die Kunde von einem angesehenen Mann geworden, der zu den angesehensten der Priester und ihrer geistlichen Würdenträger gehörte, von denen sie die Vorschriften ihrer Religion bekommen; er war aber in Ungelegenheiten geraten in einem Rechtsstreit, der seine Gefangennahme durch die Hand des Königs nötig machte und seine Bestrafung durch strenge Haft auf einer der Inseln des Nils. Und hier werden wir erwähnen, was uns von seiner Angelegenheit bekannt geworden ist. Das ist

S. 271 مواعيد عرقوب, wo auch die Geschichte steht, welche den Anlass zu dem Sprichwort gegeben haben soll. Die Sache verhält sich natürlich umgekehrt, da die Geschichte augenscheinlich künstliches Product ist. Ich möchte eher an einen Rest jüdischer Tradition (Jakob) denken, wobei die Aenderung der Namensform sich durch Anlehnung an عرقب zwangslos erklärt. Auch in babylonischen Contracten erscheint Ukupa, Ukuba für יעקב. Das scheint auf Doppelformen hinzuweisen, wie z. B. غَفِير und يَعْفُرْ, die Wiedehopfnamen in der Bilkis-Geschichte.

nämlich, dass dieser vorerwähnte Priester ein Mann von den ägyptischen Kopten war, — denn der Brauch, auf dem ihre religiöse Tradition beruht, ist, dass diesen Platz nur einer von den Kopten auf Geheiss des Patriarchen von Jerusalem einnehmen kann, der ihn damit betraut und nach Abessinien entsendet: verflossen sind darüber die Bräuche der Vorfahren und gefolgt ist ihm von den Späteren, wer da nach ihnen gekommen ist: und die Sprache dieser Kopten ist die Aegyptens, arabisch; er zieht aus von Aegypten, bei sich das Buch der Evangelien in arabischer Schrift; und so ist alles, was er an Büchern ihrer Religion und Vorschriften ihres Glaubens mit sich nimmt, gleichfalls arabisch geschrieben. Wer nun für diesen Ehrenplatz bestimmt wird, den nennt man in der Sprache der Abessinier den Abûna, wie Arabisch gesagt wird: der Kâdi. Und so lange er in dieser Stellung bleibt, beteiligt ihn der König mit der Hälfte dessen, was ihm von seiner Provinz an Steuer gesammelt wird, sei's klein oder gross. — Aber dieser Abûna hatte zu 57. denen gehört, die sehr lange in diesem 57. Amte blieben, etwa 12 Jahre. Und sein Besitz war stattlich und er hatte viel Selbstgefühl erlangt: und die Grossen hatten sich ihm zugeneigt und die Unterthanen wie die Soldaten in ihm ihre Stütze gefunden. Drum war der König eifersüchtig auf ihn geworden und hatte begonnen, nach Vorwänden[1]) wider diesen Abûna zu suchen, und wie er ihn lassen und sein Mütchen an ihm kühlen könnte. Da gehörte es zu den dies vorbereitenden Factoren, dass er[2]) einen Muslem gewalttätig behandelt hatte, der zu seinen treusten Freunden und ganz speziellen Dienern, gerechnet worden war: er hatte ihn beraubt und seinen Schleier aufgedeckt,[3] während er[4]) doch dabei ein Mann von Mut und Ehrgefühl war. Er hatte sich deshalb unaufhörlich bemüht, mit dem König in nähere Verbindung zu gelangen, damit er ihm Klätschereien über zu

---

[1]) lies أعمال.
[2]) sc. der Abûna.
[3]) d. i. seine Frau verführt.
[4]) Glosse: ich meine diesen Moslem.

missbilligende Dinge wider den Abûna zutragen könnte, und damit er erfahre, dass man ihn deshalb züchtigen würde. Und der König suchte dergleichen. So war denn dieser Moslem mit dem König in Verbindung gekommen und hatte ihm alles mitgeteilt, was er auf dem Herzen hatte und was er¹) ihm von seinem Geheimnis anvertraut hatte.

Da nahm der König das, was er ihm erzählt hatte, von ihm als richtig an. Darnach suchte er hierfür die Vezire zu gewinnen, einen nach dem andern, indem er ihnen darüber Aufschluss gab und ihnen erklärte, wie dieser Mann sie in die Abgründe des Verderbens stürzen würde. Nun haben die Mönche einen Oberen, welchem sie beichten²), den Igik³). Den brachten sie in diese Sitzung 58. und fragten ihn um Rat. Da beschloss die Versammlung, dass man in der Stadt ausschreien sollte: „wenn einer eine Sünde des Abûna weiss, die mit ihrer Religion nicht übereinstimmt, wird er zum Könige an einem bestimmten Tage kommen". Als nun die Leute diesen Ruf hörten, da war ein grosser Haufe von Männern und Weibern bereit, dem Könige zu antworten, und sie strömten⁴) in die Sitzung des Königs an diesem bekannt gegebenen Tage und zur gebräuchlichen, festgesetzten Zeit. Und es schmähten ihn die Zungen der Anwesenden mit dem, was sie von seinen Sünden wussten, und enthüllten über ihn von seinen Beleidigungen, bis schliesslich eine der Frauen des Königs Zeugnis wider ihn ablegte über eine Ausschweifung, woran man mit ihm sich beteiligt hatte, und beleidigende Sünden, zu denen man übereingekommen war, am Tage der Auferstehung, indem man ein Zeugnis aufschrieb in der Gegenwart dieser Versammlung und ihr Zeugnis stützte auf das, was die Sinne des Sehens und des Hörens erfasst hatten. Und der Schreiber dieser Schändlichkeiten war der vorerwähnte Šerîf Muḥammed Ben Mûsâ, in arabischer Schrift,

---

¹) sc. der Abûna.
²) Vulgär.
³) Gl.: welchen sie Igik nach der Form Zindik nennen. (So nach Nöldeke!) = Itschege, der Beichtvater des Königs und Vorsteher aller Mönche, im Range gleich dem Abûna folgend.
⁴) حفل IV hier im Sinne von V.

weil sie dies dem Patriarchen von Jerusalem mitteilen wollten, und deren Schrift dort arabisch ist. Als sie nun vollendet hatten, was sie von seiner Schande gewollt hatten, und der König wusste, dass er erreicht hatte, was er wollte, nämlich die Absetzung von seinem Amte, fragte er die Vezire und Grossen um Rat über das, was er mit ihm thun sollte, da sagte ihre Majorität: „er werde getötet". Aber dem König schien es besser, ihn gefangen zu setzen. So brachte er ihn zur Haft auf die Insel des Nils, wie wir vorausgeschickt haben. Und sie holten darüber die Meinung des Patriarchen ein und teilten ihm diese Schändlichkeiten mit und verlangten von ihm einen, der an die Stelle dieses Abûna's treten sollte. Dies ist aber das letzte, was uns von der Geschichte dieses
59. Abûna's berichtet wurde 59. nach der Erzählung des Šerifen Muḥammed Ben Mûsa Elbûḫâri. Darnach geschah es an einem Tage, dass wir von der Stadt des Königs hinausgingen, um zu einen ihrer Erholungsörter spazieren zu gehen, indem wir die Richtung auf einen Platz nahmen, den dieser erwähnte Abûna gut gekannt hatte[1]). Und dort waren einige seiner Bücher, arabisch geschriebene Da wollten wir etwas davon sehen. Wir kamen also zu diesem Platze und fanden ihn köstlich und angenehm für die Augen und zum Wunderbarsten gehörig, das man je gesehen hat. Und es befand sich an ihm eine Schaar von den Jüngern dieses Abûna; da kamen wir mit ihnen zusammen und redeten sie an mit dem, was wir wollten; aber wir sahen an ihnen mürrische Zurückhaltung und erregte Beunruhigung. Da besänftigten wir ihre Furcht und sprachen ihnen gut zu, bis sie innerlich ruhig wurden und sich mit uns in lange Gespräche einliessen, so dass wir uns erst von ihnen trennten, nachdem sie das in Erstaunen versetzt hatte, was sie an uns von Güte gesehen hatten und von dem Verbot an unsere Begleiter, irgend etwas von den Schönheiten dieser Gärten zu beschädigen, welche bei ihnen waren. Da berichteten sie dies, nachdem wir von ihnen zurückgekehrt waren, ihrem Oberen: er war an diesem Tage nämlich fern von diesem Platze gewesen. Und es

---

[1]) lies doch mit der Hdschrift بعتمده

setzte ihn das, was er gehört hatte, in Erstaunen und er kam
zu uns am zweiten Tage nach dem, wo wir hinausgegangen
waren. Und er ist zu uns zu unserem Platze gekommen
als ein Mann, an dem die Abzeichen des Mönches waren
und die Frömmigkeit der Gottesfürchtigen. Auch redete er
in arabischer Zunge, da er zu den Schülern (60.) des vorer- 60.
wähnten Abûna gehört hatte So war es ihm leicht, mit uns
zu reden, und uns, mit ihm, ohne Vermittlung eines Doll-
metschers. Da erfanden wir ihn als den besten derer, die
in diesen Gegenden waren. Und sein Name war Ḥâṭirûs.
Aber er hörte nicht auf, uns nach unserer Religion zu fragen,
und was ihre Grundbedingungen und Hauptpunkte seien.
Da antworteten wir ihm und zählten ihm die fünf Grundbedingungen des Islâms auf, und die Eigenschaft der beiden
Glaubensbezeugungen [1]) und das Gebet und seine Eigenschaften und was ihm an Waschung vorangeht; darnach den
Gebetsruf, durch welchem zu ihm gerufen wird, damit die
Leute bei ihm anwesend seien; darnach die Verrichtung des
Gebetes, nachdem sie erschienen sind; darnach das sich Hin-
wenden mit seinen Ausdrücken. Und diese Ausdrücke versetzten
ihn in das äusserste Staunen. Darnach fragte er viel nach
der Heiligung des Besitzes durch Almosengeben und den
Almosen-Beträgen; und auch darauf antworteten wir ihm.
Dann sagte er: „Wer empfängt dies von den Besitzern der
Güter?"- Drauf wir: „Der oberste Imâm". Und er wieder:
„Und wer verzehrt sie?" Nun teilten wir ihm die davon zu be-
streitenden Auslagen mit, jede Auslage mit Namen und Eigenschaft. Da erstaunte er noch mehr über das, was Gott vor-
geschrieben hatte, an Unterstützung in den Lagen der Armen
und Elenden, damit sie bei den Reichen an ihren Gütern beteiligt wären, ohne dass jene die irdische Habe für sich
allein in Anspruch nähmen, und sagte: „Das ist der Gipfel-
punkt der Milde und der Schlussstein der Güte." Darnach
setzte ihm ebenso die Erwähnung des Anteils in Erstaunen,
welcher für die heilige Sache Gottes verwandt wird von
Seiten der Glaubenskrieger, welche wegen der Religion

---

[1]) lies الشهادتَّين

kämpfen und diejenigen bekriegen, welche aus ihr herausgegangen sind, nämlich die Ungläubigen.

Und dieser Mann hörte nicht auf, uns zu besuchen und sich zu grämen über die Tage, an denen er nicht mit uns zusammenkommen konnte. Auch wir bewunderten ebenso an ihm, was wir sahen. Darauf sagte er: „Wenn ich nicht ein angesehener Mann wäre, dessen Geschichte den Leuten bekannt würde und dessen Angelegenheit nicht vor ihnen verborgen werden könnte, 61. würde ich euch nach eurem Lande begleiten und euch um euren Schutz bitten, auf Grund davon, dass ihr mich in meinem Glauben belasset". Da sagten wir ihm: „Wie viele giebt es doch gleich dir von Juden und Christen, die sich in den Schutz der Moslem begeben und in unsere Wohnungen in Sicherheit und Gesetzlichkeit eintreten? Solche, welche bleiben und eine bestimmte Kopfsteuer zahlen, und solche, welche nur wenige Tage sich aufhalten und dann in ihr Land zurückkehren." Darauf fragte ich ihn meinerseits nach dem Evangelium und ob ein arabisch geschriebenes (Exemplar) bei ihm zu finden sei. Da sagte er: „Freilich, ich habe drei Bücher." Da bat ich ihn leihweise um das erste Buch. So brachte er es uns, auf seinem Titel beschrieben „Anfänge des Evangeliums". Aber ich blickte ungefähr zehn Tage hinein; und die Gesamtheit seiner Anfänge waren lediglich Predigten, ohne dass ich anderes als diese sehen konnte.¹) Und er sagte: „die Vorschriften sind in den andern beiden Büchern." Aber am Ende dieser Tage fand unser Aufbruch von hier statt.

Erzählung, wie der König seinen leiblichen Bruder gefangen nahm, und seiner List, die sich bei seiner Ermordung zeigte.

Und dieser Mann pflegte uns von dem Falle des vorerwähnten Abûna's zu erzählen und jene unerhörten Dinge zu berichten und ihn deshalb zu tadeln. Die Gefangennahme des Abûna war uns nämlich unterwegs zugegangen, bevor wir zum König gekommen waren, und hatte unsere Meinung bestärkt, auf die wir unsere Hoffnung mit Bezug auf den

---

¹) lies أَطَلَّـ.

König gebaut hatten, dass er nämlich in den Islâm eintreten
würde, besonders, indem wir mit dieser Geschichte des
Abûna eine andere in Verbindung brachten, nämlich, dass
dieser erwähnte König, als sein Vater gestorben war — der
hatte nämlich viele Kinder von verschiedenen Müttern, aber
dieser König von seiner Mutter nur noch einen Bruder; und
sein Vater hatte ihm und seinen Veziren anempfohlen, 62. 62.
dass sie, wenn er gestorben sei, alle seine Kinder auf einem
bekannten Kastelle in Ketten legen und nur diesen seinen
leiblichen Bruder lassen sollten, damit er seinem Bruder ein
Helfer sei und ein Schützer in seiner Sache und seinem
Reiche. Da thaten sie dies und setzten alle seine Brüder in
diesem Kastelle gefangen; und zwar waren es fünfzehn Mann.
Und der König bestimmte ihnen reichlichen Unterhalt und
nach allen Richtungen ausgezeichnete Behandlung, der Zweck
war ja nur, ihnen die Möglichkeit zu nehmen, (ihm) die
Herrschaft streitig zu machen. Jener (leibliche) Bruder
jedoch blieb als Helfer seines Bruders in seinen Angelegenheiten, und indem er sich mit seinen militärischen Dingen
beschäftigte, mit den Wechselfällen seines Krieges und dem
Bestehen seiner Feinde, bis der König an diesem seinen
Bruder grossen Uebermut bemerkte und Selbstständigkeit in
vielen Handlungen. Auch wurden dem Könige Gerüchte gemeldet und zwar, dass sein Bruder ihn töten und sich auf
seinen königlichen Thron setzen wollte. Nun sind diese
Amharen bekannt für (ihre) ausdauernde List und starke
Klugheit beim Vorbereiten listiger Absichten. Und der
König bereitete unaufhörlich einen hinterlistigen Plan wider
seinen Bruder vor, wie die Möglichkeit wäre, ihn zu fassen
und zu bestrafen. Das aber gelang dem König erst nach
geraumer Zeit und langer Dauer. Und zur Erzählung dieser
Geschichte würde geringer (Raum) nicht ausreichen. Aber
er hatte nicht nachgelassen, bis er sich seines Bruders einst
im letzten Drittel der Nacht bemächtigt hatte. Er hatte
nämlich es einer Schaar von tapferen, beherzten, mutigen
und starken Leuten befohlen, welche mit ihm Nachts herausziehen sollten; und zwar hatte seine Mutter den König ge-
beten, dass er seines Lebens schone und sich begnüge, ihn

gefangen zu setzen. Da hatte er ihr öffentlich Gehorsam bezeugt und zwar, dass er es (sc. das Herausziehen) befohlen hätte nach der Nilinsel. — Und als 63. er ihn in dem letzten Drittel der Nacht entsandt hatte, da war nichts (mehr), was ihn anlangte, den Leuten kund geworden, noch war klar, an welchem Platze dieser bekannten Gefängnisse er existierte. Aber die Leute zweifelten nicht, dass er ihn getötet hatte. Diese Geschichte nun samt der vorhergehenden des Abûna hatte die Richtigkeit jener Ansicht vermuten lassen und dass der König diese beiden Männer nur vergewaltigt hätte, um freier jenes Ziel erreichen zu können; und doch war es nur gewesen, gleichwie über jede Idee gesagt wird, aus der kein Nutzen erwachsen war: „oft folgt eine regenlose Wolke nach der donnernden."[1]) Und wenn ich das Verborgene gekannt hätte, hätte ich nicht viel Gutes verlangt, und das Böse hätte mich nicht getroffen

Dem Manne liegt ob, dass er mit Eifer
nach Gutem strebt,
Doch steht's nicht bei ihm, dass seine
Sache vollendet wird.[2])

Erwähnung dessen, was uns ein ander Mal an Brandunglück passierte.

Das war — wir haben ja die Angelegenheit des Brandes, der uns dort passierte, und die Grösse seines Vorfalls und den Schrecken seines Ereignisses vorausgeschickt; und das hatte uns zu ängstlicher Sorge beim Wachen und äusserster Hut angetrieben. Dann hatten wir während einiger Nächte nichts bemerkt, bis plötzlich das Feuer auf der Seite der Kammer, wo wir waren, angezündet war, als die Wächter ruhten und der Schlaf die Sinne der mit der Hut betrauten Wachen bewältigt hatte. Da war ich der erste, der die Entzündung dieses Feuers bemerkte, bevor es noch die 64. Seiten der Kammer erfassen konnte. Und ich rief die Leute

---

[1]) So nach Meidâni-Beirut, I 244, wo الراعدة erklärt wird als السحابة ذات الرعد.

[2]) Auch Glaser 233, fol. 49 unten findet sich der Vers; lies danach تتمّ.

und sie erwischten es, bevor es sich bei dem Ruhen des Windes in dieser Nacht hatte ausbreiten können. So hat Gott uns davor bewahrt und uns durch seine uns bewiesene Güte aus dem gerettet, was sie von diesen Schlingen uns vorbereitet hatten. Drum sei Gott Lob, der der Herr und Würdigste des Lobes ist, ein Lob, das sich voll der Grösse seiner Güte und dem, was seinem Anpruch zukommt, widmet.

Und als wir diese Ereignisse, die (über uns) kamen, und die schlimmen Dinge, welche Kümmernisse und Betrübnisse erregten, noch ausser dem sahen, was wir auch von dem Hinhalten des Königs durch trügerische Versprechungen bemerkten, da ward eng die Brust und beengt, schlecht und faul war die Sache, und wir fürchteten, dass wir keine Möglichkeit finden würden, aus diesen Gegenden herauszukommen, besonders, da sich schon eine Verhandlung des Königs und einiger seiner Vezire mit einigen unserer Schar, nämlich den begleitenden Soldaten, ereignet hatte, indem sie von ihnen wünschten, dass sie hier blieben, wozu noch kam, was wir davon sahen, wie sie eine Zahl von Gesandten in Verlegenheit setzten, welche zu diesem Könige kamen, die einen von den Leuten von Aussa, die anderen von den Seiten des Sennâr und andere von der Seite der Türken, bis sie ihrem Lebenswandel folgten; und sie machten sie sich dienstbar, gleich wie sie sich jeden dienstbar machen, der in ihre Macht geraten ist. Und wie wir nachdachten über die Lage und bei ihr auf das blickten, was bei der Rückkehr sein würde, da fanden wir, dass wir mit der Möglichkeit des Gelingens nur auf der Seite der Türken über Musawwa' herausgehen konnten. Und doch waren wir nicht sicher vor deren Bosheit und ohne Vertrauen auf ihre Treue, weil Verrat und Vertragsbruch bei ihnen ja überwiegend ist. Da verdunkelten sich uns die Dinge gleich dem tiefsten Dunkel finsterer Nacht. Aber wir fanden kein ander Asyl noch Schutzstätte als Zuflucht zu nehmen zu Gott und andauernd den Kor'ân zu studieren, der das grossartigste ist, womit man sich Gehör verschafft.

Erwähnung dessen, was Gott uns an richtigen Träumen zeigte und an Rettung in der Nacht.[1])

Da begünstigte uns Gott dabei mit verheissungsvollen Träumen, die auf Rettung hinwiesen und Befreiung aus jeglicher Busse verkündeten, deren einige ich erwähnen werde. Und zwar war es das, was ich in einer der Nächte sah, nämlich dass ich zu unserm Imâm Elmutawakkil-'ala'llâhi kam. Da bin ich zu seinem Diwân gegangen, wo er zu sitzen pflegt, um die Bedürfnisse der Moslem zu entscheiden. Aber ich fand ihn angefüllt mit den Gelehrten und Grossen, ein jeder von ihnen seinen Teppich ausbreitend, um zu beten. Und sie warteten darauf, dass der Imâm oben aus dem Hause zu ihnen herabsteigen sollte zum Freitagsgebet. Da hatte ich mich hingesetzt, meinen Rücken an die Wand des Diwâns lehnend, wie die Ankommenden sich setzen. Aber während ich so (sass), da kam der Imâm und ich trat zu ihm und begrüsste ihn, während er sich durch die Reihen zwängte, bis er zu seinem Gebetsplatz kam. Da begann ich mir einen Ort zu suchen, auf dem ich mich zum Gebet setzen könnte. Doch ich fand einen freien nur auf dem Teppich unseres Herrn, des gelehrten Kâdi's, des Schildes[2]) des Islâms, des Besten der Oberrichter, 'Abd-Elkâder ben 'Alî Elmuḥeirasî, Gott schütze ihn. Da setzte ich mich mit ihm darauf. Und wir beendeten das Freitagsgebet. Darauf gingen wir hinaus von diesem Hause in der bekannten Weise. Da erhob der Gott preisende seine Stimme, indem er sagte:

66. Bring her die Geschichten deutlich und ermunternd,
  Vielleicht dass du sie heilst vom heftigen Durst der Begierde.
Siehe die Dinge, welche du in der Selle verbirgst,
  Nicht fürchte sie, da die Erwähnung Gottes für sie genügt.

Da fiel mir ein, als ich diesen Lobpreisenden hörte, dass er mir frohe Botschaft bringen wollte durch Tröstung

---

[1]) Im Druck ausgelassen; meine Photographie der Handschrift lässt mich auch zur Hälfte im Stich.

[2]) lies خِنَّة.

über das, worin ich mich befand, an Verlegenheit durch die Gnade und auf Befehl Gottes und durch das Flehen zu ihm mit der Wohlthat seiner Erwähnung. Und ich stand eilends von meinem Bette auf, diese beiden Verse niederzuschreiben. Aber mir war von ihrem Wortlaut schon etwas entschwunden an der Stelle „nicht fürchte sie, da" im zweiten Verse. Da brachte ich diese beiden Ausdrücke beim Wachen in Ordnung Was aber den ersten Vers und den Rest des zweiten betrifft, so sind sie, wie sie im Traum waren.

Darnach sah ich einen anderen Traum ebenso: Ich sah, dass ein Betender mir zwei Verse aus der Poesie diktierte, und zwar sind dies die erwähnten:

Und sei fest bei jeder Sache, die du willst,
Denn das Beste des Planes ist das, was sein festestes ist.
Und frag in den Dingen eines Wissenden um Rat, einen Erprobten,
Einsichtsvollen, wenn er die Sache leitet, bringt er sie zum guten Ende.

Und (ferner sah ich) noch einen andern Traum, und zwar sah ich, dass ich den Ḳor'ân bei unserem Herrn 'Ali ben Sa'îd Eššar'i, dem berühmten Ḳor'ânleser in Ṣan'â', las; da war ich zu seinem, des Erhabenen, Wort gekommen: „Siehe Gott ist mit den Ausharrenden." Da sagte er mir: „Halt inne bei diesem Verse". Aber ich sagte zu ihm: „Wir wollen weiter gehen bis zum Schluss der Sûre." Doch er sagte: „Hierin ist ein Genügen." Und ausser diesen habe ich nichts im Gedächtnis behalten

Und der richtige Traum ist ein Sechsundvierzigstel der Prophetie.[1])

Und wegen der Härte dessen, was wir erduldet haben, an Angst und Flucht des Schlafes und unaufhörlicher Folge des Wachens, kam mir die Beschreibung dieses Zustandes in den Sinn, wie ich sie eingefügt habe in diese zwei Ḳaṣîden, auch wenn dies[2]) nicht zu meinem Geschäft gehörte, nur dass es, bei dem Zukurzkommen seines Zustandes an

---

[1]) lies جزء und النبوة mit Nöldeke.
[2]) sc. das Dichten und das Gedichtete.

guter Poesie an Stelle der gereimten Prosa eingefügt werde. Und dies sind sie:

Die erste.[1]

Für jeden, der zum Guten sich bestrebt, ist eine Belohnung
Und für jede Anstrengung im rechten Weg ein guter Erfolg.
Und kann (auch) kein Mensch sein letztes Ziel erreichen,
So ist doch vor diesen (Zieles) Ziel eine Scheidewand
     für die Zweifel.[2]
Und kennten die Strebenden das letzte Ende ihrer Ange-
     legenheiten,
Wahrlich, keiner würde durch schlimme Sachen getroffen.
Nun sage dem Fürsten der Gläubigen — er hatte ja gerufen,
Und es ziemt sich, dass man dem Rufe entspricht —
Aber er rief Leuten, die da denken, dass sie ein
Ziel in ihrer Religion getroffen so, dass sie ins Schwarze
     gekommen sind.
Ein Lichtblitz erschien[3] ihnen, da hielten sie ihn
für Wein: aber jener ward hell, da war's eine Fata
     Morgana.
Sie sagen: „Gott, gross ist seine Majestät,
ist der Geist und Jesus". Das ist doch zum Verwundern[4]).
Und dann sagen sie: „die Personen (der Dreieinigkeit) sind
     Erdichtung."
Denn ihre gute Rechnung und Berechnung schränkt[5])
     sie ein.
Und sie sagen: „Sie ist der Herr, die gesammte Drei."
Damit steht Antwort und erwiedert eine Partei.
Aber sie sagen: „Die Drei ist eins,
Und sie ist ein Princip für das Vervollkommenen Gottes."

---

[1]) steht auch Gl. 233 fol. 61 ff. Daraus die Varianten unten.
[2]) Gl. 233: für die Augen.
[3]) lies ترآى
[4]) lies آن. Die Hdschrft. hat zwischen diesem und dem folgenden Wort ein fortgestrichenes د; dem entspricht die Fassung Gl. 233 ان ذا العجاب.
[5]) Gl. 233 فيحصرها.

Und das ist doch ein offenbarer Irrtum und ein Unwissenheit,
Durch welche (selbst) die tauben Ohren¹) sich durchbrechen lassen, auch wenn sie verhärtet sind.
68. Möge ich doch entschuldigt sein von einer gemeinen 68.
Religion, deren Substanz
Pranger ist und ewige Beschämung²) und Strafe³).
Wahrlich mein Arm ist beengt, weil ich zurückgehalten bin¹)
in ihrem Lande,
Und eklig ist mir Speis und Trank geworden.
Und ich wünschte in meiner Heimat zu sein, weil mir
Dort Nachbarn sind, deren Zeit gut ist, und die selbst
gut sind;
Und weil dort für die Gerechtigkeit und die Erklärung der
Einheit (Gottes) ausgedehnte Weideplätze sind,
Und ein befestigt Quartier, ein hohes, und (für) die
Majestät⁵).
O möchte mir doch zu diesen Plätzen Rükkehr sein
Und Wiederkehr und Heimkehr!
Und möchte ich doch anlangen zur Quelle des Gesetzes,
auf die
Hinweisen Tradition und Buch!
Und möcht' ich doch hören die Stimme des Rufers zu einem
Freitagsgebet,
Zu welchem er mit seiner lautesten Stimme ruft und man
kommt!
Und möcht' ich doch sehen das Haus, dem aufgerichtet sind
Ringsum die Schulen und Kuppeln des Wissens.
(Und möchte er doch mein Geschick hinführen zum Erreichen
meines Wunsches,

---

¹) Gl. 333 تنظر مني الصم وهي صلاب ; also auch im Text الصّم zu lesen.

²) lies خِزْي

³) Gl. 233 عذاب.

⁴) Gl. 233 باحتباسي, so danach auch Text zu lesen.

⁵) Verszwang!

Denn einen anderen als diesen Wunsch wünsche ich
von ihm nicht.)¹)
Und wenn Du, oh Geschick, nicht bist Gunst²), — wie
lange doch
Habe ich Dir gezürnt; aber bei Dir nützt Zürnen nichts.
Aber ich folge dem Worte eines Dichters.
Denn dem Worte ist eine zieltreffende Weisheit und
Verstand:
Zu Gott klage ich, dass ich an Plätzen bin.
Deren Löwen Hunde regieren.
Vorüber gehen die Nächte, ohne dass ich einen Platz des
Nutzens hätte,
Noch eine Stelle für die Bittenden.
Ich sehe den Unglauben schleierentblösst und sein Volk
Hält ihn für gut, doch täuschen sich beide in ihren
Hoffnungen.
Drum schürz Dich, Emir der Gläubigen, sie zu bekämpfen,
Denn sie sind Lämmer der Wüste, doch Du ein Adler.
69. 69. Während Du doch ein Sprössling Kâsims bist, des Auf-
rechten, dessen
Flammen die Leute des Irrtums niederwerfen, dahin
sind sie.
Wenn von ihnen Kundschafter eines Rebellen aufsteigen,
Trifft ihn von diesen Steinhaufen eine Flamme.
Und rufe die Söhne Mansûr's von der Familie Ḳâsim's,
Dann wirst Du sie als furchtlose Löwen des Kampfes
erfinden.
Und sage: „Oh Söhne des Hâdi, antwortet eurem Imâm!"
Dann antworten Dir ihre Alten wie ihre Jungen.
Sie opfern ihr Leben auf für ihren Imâm,
Und ehrlich ist ihr Hieb und Stich.
Und rufe die Söhne des geehrten Ḥamza,
Da werden Dir Schwerter und Lanzen antworten³).

---

¹) Dieser nachträglich eingeschobene Vers fehlt Gl. 233.

²) عُتْبَى.

³) Gl. 233 تُحْبَّكَ.

Wenn eine Brigade von ihnen (morgens) Feinde trifft,
Gehen sie los auf ein Heer, aber keiner auf sie.
Und vergiss nicht die Edlen der Ḳâsim's, da sie
Löwen sind mit Ansturm und Ausprung.
Sie sind Gift für die Feinde, halten den Kampf mit ihnen
Für leicht, auch wenn man die Kämpfe schwer nennt.
Und rufe die Söhne Ġaun's[1]), die Geehrten allesamt,
Damit herbeigeführt werden[2]) ihre Rosse und Reiter.
Sie sind das Volk, das ganze Volk, o Mutter Mâlik's,
Im Kriege wachsen die Jüngsten heran und werden alt.
Und (rufe) den, der zur Familie Ḥusein's gehört, denn sie
Sind die Sieger eines Tages, an welchem Siege sind.
Jene[3]) sind die Söhne des Märtyrers, durch den
Wir betroffen sind, und oh, wie viel Unglück hat die
Herzen getroffen!
Und rufe nach diesen die, welche sich leiten lassen
Durch Zeid als Imâm, famose Genossen[4]).
Denn sie sind die besten Anhänger für die Familie Moḥammed's,
Und wie gut ist's, zu rechnen auf die Männer der
Wechselfälle!
Wann eines Tages die Familien ihrer Gesamtheit kommen.
Werden die weiten Fluren zu eng vor ihrer Ausbreitung.
Und das, was ich erwähnt habe, genüge Dir nächst Gott,
Und die Wolken werden[5]) gewaltigen[6]) Sieg regnen.
70. Und nicht höre[7]) auf die Stimme des Neiders, vielleicht 70.
Rät er mit einer Stimme, welche durch Schwäche verwirrt
ward.
Er sagt: „Das Land der Ungläubigen ist fern,
Und vor die Ferne treten noch Wogen dazwischen".

---

[1]) so Gl. 233.

[2]) Gl. 233 لِتَجْلَبَ.

[3]) Gl. 233 im Text!

[4]) Zusammengezogen aus حَبَّذَا ذَاك.

[5]) Gl. 233 وتمطر

[6]) Gl. 233 الغزير reichlichen

[7]) Gl. 233 تسمعن

5*

Und jeder Ratgeber sieht nur seine Meinung
Und nicht wird er getadelt wegen dessen, was er fordert.
Und die Ansicht dessen, der die Verhältnisse selbst gesehen,
überwiegt
Die Ansicht dessen, der sie nicht sah und abwesend war.
Aber Gottes ist früheres Wissen in unseren Angelegenheiten
Und was darin ist, davon giebt es kein Abweichen.
Drum Du, oh Herr, stütze uns und stärke unsern Imâm;
Denn Du bist in Aller Angelegenheiten der Mittelpunkt.
Und neige Dich über[1]) den Erwählten und die Familie; was
auch passiert.
Für jeden Zustand in der Zeit ist eine Rede.
Und (neige Dich) über seine Gefährten, die Besten welche
wandeln
In seinen Wegen, in dem, was er vergilt, und (welche)
antworten.

Und die Zweite:[2])

Wenn man wegen eines Herzens oder einer Seite nicht schlafen
kann
Oder einer Liebe, da hört das Beschwören des Schmerzes
nicht auf.
Und wie ist eines Betrübten, der von seinem Hause
Und seinen Freunden fortgegangen ist[3]), Rückkehr?
Jeder Tag auch hat für ihn seine Plage,
Während sie Nachts den Schlaf von ihm vertreibt und
fernhält,
Und grau das Haupt macht durch ihre Schrecken,
Und es mit dem Schmucke[4]) schmückt, (der gleich) nach
der Kahlköpfigkeit (kommt).
Meine Augen haben sich des entwöhnt, was sie gewohnt waren,
Und vernachlässigt hat die Seite die Medicin des Bettes.
Und meinem Herzen hat Krankheit hinzugefügt,
Was meine Augen von den Sectierern sahen.

---

[1]) lies على.

[2]) steht auch Gl. 233 fol. 60 fl., daraus die Varianten.

[3]) Gl. 233 ناب.

[4]) Gl. 233. بالجلاء d. i. mit dem Glanz, der Politur.

Ich bin in einem Lande, dessen Gutes gering ist,
Und in welchem viel des Bösen gethan wird.
Ihr Volk besteht aus zwei Particen, was die eine anbetrifft,
So hat sie ihrem Schöpfer verläugnet zugleich mit[1]) dem,
was er gemacht hat.
71. Sie machten Gott zu einem Propheten, einem Gesandten, 71.
Der zu ihnen kam mit Wahrheit und Rechtes sagte,
Indem sie ihn in drei teilen, während er doch ein einziger
Herr ist,
Zu gross ist dafür und zu erhaben mein Herr,
Nicht erzeugte er einen und ward nicht gezeugt und nicht
giebt es einen[2]), der mit ihm beteiligt ist in dem, was er
vorgebracht.
Siehe, ein Gott, den sie zwangsweise gekreuzigt haben
Durch die Hand der Feinde, nicht ist nach ihm Begehr[3]).
Sie haben ihn unterdrückt, während er doch ein unter-
drückender Herr ist;
Dadurch wird das Lob zurückgenommen und entfernt.
Ihr hattet dies besprochen unter euch;
Wie sollte ein Gott, den ihr tyrannisiert habt, es nicht
verboten haben?
Und ihr habt nicht gewusst, dass mein Herr ihn beschützt hat,
Und dass er zu den sieben Himmeln aufgestiegen ist.
Jesus ist zu euch mit einer deutlichen Rede gekommen,
Der eine hörte ihn, der andere nicht.[4])
Siehe er war ein (Gottes-)Diener, ein gesandter Prophet,
Dessen Religion der Monotheismus war; aber ihm ward
nicht gehorcht.
Siehe eine Religion war jene, deren Vorschriften
Eng waren, nichts in ihr von weiter Ausdehnung.

---

[1]) Gl. 233 فيما.
[2]) Umzustellen nach ﻪ im Text. Gl. 233 richtig.
[3]) hier schiebt Gl. 233 noch ein:
Wie wird danach Nutzen von ihm erhofft,
Während er doch, als er es nötig hatte, (sich selbst) durchaus nicht
hatte nützen können.
[4]) Glosse: Ein Teil der Kinder Israels hat an ihn geglaubt der andere
nicht.

Er wird dem Menschen sein Vergehen enthüllen, wenn er ihn
                        richtet,
  Und ihm Beschämung zeigen am Tage der Furcht.
Und wir haben eine (andere) tyrannische Partei gesehen,
  Welche Schamlosigkeit begehen und Schmutz bringen.
Sie reclamieren den Islâm für sich, aber nicht wissen sie,
  Was der Gesetzgeber des Islâm bestimmt hat.
Sie sehen[1]) das Verbotene in ihren Wohnungen,
  Und in dem (wälzen sich) die Menschen in Massen.
Nicht zeigt[2]) sich bei ihnen Gehorsam gegen Gott,
  Insbesondere Montags und Freitags.[3])
Oft geschiehts, dass einer beschäftigt ist mit Veranlassungen
                        der Begierde
Du siehst ihn folgen[4]) der Lust (und wie) ihm gefolgt
                        wird

72. Der den Wein liebt, nicht(s) hält ihn ab
  Ihn zu lieben, wenn er dürstet, und trennt (ihn) von ihm.
Nimmer kann seine Reue erhofft werden,
  Und wenn man ihn darin zur Busse ruft, nicht bessert
                        er sich.
Und wenn Du ihnen die Wege der rechten Führung zeigst,
  Dann hält er mit Gewalt seine Augen von der guten
                        Leitung ab.
Sein Herz ist ganz unbeschnitten in seiner Verwirrung[5]),
  Gott hat darauf das Siegel gelegt und eingedrückt.
Sie glauben an den Götzen, der zu ihren Popanzen gehört;
  Nun er ist ja in dem Vorzug[6]) eines um des Vorteils
              willen angegangenen Mundknebels.
Nimmer wird auf die Stimme Gottes oder des Propheten
  Bei ihnen gehört.

---

[1]) Gl. 233 يَنْظُر (sie gewähren Nachsicht dem Verbotenen).

[2]) Ol. 233 تَرى.

[3]) Bezieht sich wohl auf die Beduinen von Beilul. Handelt es sich um Märkte, die Montags und Freitags statt haben?

[4]) Gl. 233 يَتبع

[5]) lies حيرته.

[6]) Gl. 233 فصل also: er gehört in das Kapitel des etc.

Oh der Trauer um die Religion des Erwählten,
Schon sehen wir, dass er sich vergebliche Mühe gemacht.
Doch vielleicht, wenn Gott sie erhebt,
Wird sicherlich gesehen, wie der Unglaube sich unterwirft.
Und er wird die Wahrheit über ihre Feinde triumphieren
lassen[1]), —
Und der Ausdauerndste des Unglaubens zeigt sich
hinkend, —
Durch die Hand des Aufrechten, des Sprösslings des Propheten,
Des edlen Imâms, des Schmucks der Versammlung,
Der Reinheit des Siegers, des Siegers des Banners,
Des Besten, der gefastet, gebetet und sich verneigt hat.
Wieviel Vereinigungen hat er wegen schlechter Reden zerstreut,
Und wie viel Zerstreute im Wohlgefallen Gottes vereinigt,
Oh, Söhne Mansûrs, ihr seid eine Gesellschaft
Von Löwen des Kampfes, welche Furcht nicht abhält.
Helfet dem Rufer, der zu euch gehört, und denket
Des Tages[2]) von Bedr, dann bringet ihn zurück als einen
jungen,
Und (denket) desjenigen, womit[3]) euer Vater stand
Und worin[4]) er die Berge des Unglaubens niederge-
worfen hat.
Und dem Burschen (ziemt's)[5]), dass er seinem Vater folgt;
Das ist doch keine neue Sache.
Bekämpfet die Ungläubigen in Gott; dann
Wirst du achten auf den Blitz des Sieges, wie er davon
aufleuchtet.
73. Reinigt ihre Religion von ihrer Befleckung. 73.
Dann wird sich reinigen diese Religion.
Ihr seid die Herren von allen Menschen
Und die Häupter der Leute, und die Leute folgen (euch).

---

[1]) Gl. 233 يديل.

[2]) Gl. 233 حَرْبَ.

[3]) Gl. 233 بها.

[4]) Gl. 233 فيها.

[5]) على fortgelassen!

Ihr seid wie die glänzenden Sterne, — als Gleichnis hat's gesagt
Euer Ahn — und die Sekten gleich Wolkenfetzen.
Sag' dem, der wider die Religion[1]) des Erwählten sich brüstet;
Ist sie nicht zum Platz der Sterne erhöht, oh Thor?[2])
Und sie[3]) sind doch die Wächter der Religion des Erwählten,
Und durch sie wird der, welcher von den Bestimmungen abweicht, unterworfen.
Und das Gebet zu Gott von meiner Seite möge, solange
Blitze in der Finsternis erscheinen[4]) und Vögel zirpen,
Ewig das von mir Gewählte erreichen
Und (sein) für seine[5]) Familie und die Menschen.
Und für seine Gefährten, die Leute der rechten Führung.
Immerdar, solange[6]) der Himmel sich mit Wolken bedeckt.

Ende.

Wir kehren zu der Geschichte der Tage unseres Aufenthaltes zurück, und dessen, was wir während desselben an hartem Unglück hatten, und was Gott in ihre Herzen gelegt hatte an Freundschaft und Verehrung, dadurch die Religion über die anderen Religionen überlegen machend und ihr Volk ehrend durch das, was er ihnen zeigte an gewaltiger Macht. Und wieviel soll ich aufzählen von den Dingen, die sie von uns zu erlangen suchten; dann aber ward ihnen ihre Schwäche klar und dabei verächtlich ihre Macht; und es kann unmöglich gesagt werden, dass sie sich selbst demütigten, um uns zu ehren; denn wir hatten ja in ihrem Wesen das Gegenteil davon erkannt; sondern ihre Absichten erreichten ihr Ziel nicht: denn der eine von ihnen sah beim

---

[1]) Gl. 233 آل (Familie).

[2]) in Gl. 233 durch die Glosse فهو ألكع اذا وصف بالحمق erklärt.

[3]) die Familie Mohammed's, nach Anm. 1 gemeint.

[4]) Gl. 233 شرى.

[5]) Mohammed's.

[6]) Gl. 233 ما اصطلا الجز بحب التفع Solange der Himmel die Wolken erwärmt, mit denen er sich bedeckt.

andern, wie er verlangte, dass man bei ihm Hilfe suchen sollte, und wie er zurückgewiesen wurde und sich enttäuscht entfernte 74. und fliehend davonmachte, ohne dass man sich um ihn scheerte oder auf ihn Rücksicht nahm. Auch nicht etwa dass gesagt wird, dass dies wegen einer Kraft in uns war, mit der wir sie zurückstiessen; denn das gehört zu dem, was nicht gesagt wird, sondern was zur absoluten[1]) Unmöglichkeit gezählt wird. Sondern es blieb nur übrig, dass dies zur Gnade Gottes für uns gehörte und um unsere Religion zu ehren. Da hatte es sich an einem Tage ereignet, dass in eine Frau, die zu den Moslems gehörte, der Teufel gefahren[2]) war und ihr den Unglauben über den Glauben herausgestrichen hatte. So war sie abgefallen und Christin geworden. Sie hatte nun zwei Töchter von einem Moslem, der zu den Bürgern von Musawwaʼ gehörte, welcher diese Frau hier geheiratet hatte. Dem hatte sie diese beiden Töchter geboren. Und die hatten noch eine Tante, die Schwester dieser abtrünnigen Frau. Da floh ihre Tante mit ihnen und brachte sie in das Haus eines Mannes von unseren Gefährten, worin der abgestiegen war. Und es kam diese ihre Mutter, die von der Religion des Islâms abgefallen war, mit einer Schar Christen, etwa zwölf Mann von ihren Vornehmen und Adligen. Als sie aber zum Thor dieses Hauses gekommen waren, worin dieser Mann, der zu unseren Gefährten gehörte, war, kam er ganz allein heraus, um sie mit schicklichen Worten anzureden und sich an diesem Platze darüber in Güte zu besprechen, nur dass er sein Schwert in seiner Hand mit sich nahm. Kaum aber hatten sie ihn zu sich heraustreten sehen, da wandten sie fliehend den Rücken, indem sie eilends und mit langen Schritten davonliefen. Als wir dies nun erfuhren, dachten wir sicher, dass sie sich über derartiges nicht beruhigen würden. Drum befahlen wir, dass die beiden Mädchen in das Haus kommen sollten, 75. wo wir waren. Und wir warteten, was uns in ihrer Angelegenheit von Seiten des Königs oder eines seiner Vezire kommen

---

[1]) lies صريم

[2]) lies استحود

— 74 —

würde; aber nichts ward zu uns über diese Sache erwähnt, während sich doch die Kunde dieser Geschichte in ihren Sitzungen verbreitet hatte, und sie darüber bei ihren Häuptlingen gesprochen hatten. Wir nun ordneten an, dass diese beiden Mädchen zu ihrem Vater nach dem Hafen Musawwaʻ im persönlichen Geleit des Emirs ʻAbd-Elwahhâb, des vorerwähnten Gesandten des Paša's der Türken und Herrn von Suʼâkin, gehen sollten. Aber Lob sei Gott, der uns durch die Religion des Islâm's geehrt hatte, die vorzüglicher ist als alle anderen Religionen, und uns ausgezeichnet hat mit ihrer hohen Burg [1]), die stark an Pfeilern und hoch an Mauern ist. Und das ist das Erbetene, dass Gott unser Ende in seinem Wohlgefallen beschliesse und uns umfasse mit seiner grossen Wohlthat und Güte durch die Wahrheit Mohammed's und der Familie Mohammed's.

Und damit ist zu Ende, was wir von den Tagen unseres Aufenthalts bei seiner Majestät dem Könige erzählen wollten. Denn nach vollen neun Monaten legte ihm Gott ins Herz, uns zu verabschieden auf die Bedingung hin, deren Erwähnung wir vorausgeschickt haben. Und er bestellte für uns drei Leute von den Grossen seines Hofes, welche uns in seinem Lande schützen sollten, für die Beschaffung dessen, was wir an Gastgeschenken etcetera nötig hätten. Und er erlegte einem jeglichen von ihnen eine bestimmte Distanz auf und erklärte ihnen, was uns pro Tag an festgesetztem Gastgeschenke zukäme. Darauf brachen wir von seiner Majestät dem Könige auf am letzten, heiligen Du'lkaʻda des Jahres Eintausend und achtundfünfzig.

Erwähnung unseres Herausgehens aus der Stadt des Königs, zurückkehrend zu unseren wohlgeschützten Gegenden.

76. Als wir nun von der Stadt ungefähr zehn Stationen entfernt waren, 76. war die Distanz des ersten der drei zu unserer Gesellschaft Befohlenen zu Ende Und dieser Mann hatte uns da in ihr aufʼs Beste zur Seite gestanden und gethan, was der König ihm befohlen hatte, und mehr als das

---

[1]) lies بِشُرْفَة

honoris causa. Darauf kam die Reihe an den zweiten von ihnen. Der aber blieb nur diese Nacht, die die erste seiner Tour war, bei uns. Darauf trennte er sich von uns am zweiten Tage und eilte uns voran [1]), eintreibend das Gastgeschenk von den Leuten und es für sich nehmend. Und er liess uns hinter sich, und wir fanden keinen, der für das uns zukommende eingetreten wäre, noch wozu wir uns hinwenden sollten für unsern Unterhalt. Wir hatten nun viele Seelen mit uns an Sklaven und Dienern, sodass unsere Zahl hundert überstieg. Aber wir fanden keinen Ausweg, ausser uns auf Gott zu verlassen und darauf, zuzugreifen bei dem, was für uns an Unterhalt in jedem Dorf vorhanden war von dem, was wir in ihm finden konnten. Und deshalb suchten wir jedesmal, wenn wir zu einem Dorf kamen, seine Leute auf und teilten ihnen mit, was der König an Gastgeschenk für uns befohlen hatte. Gaben sie es nun, so nahmen wir es von ihnen und begnügten uns damit (und standen) von anderem (ab); verstanden sie sich aber nicht dazu, dann liessen wir denen, die mit uns waren, freie Hand wider sie; da nahmen sie, bis sie genug hatten, und es entging ihnen nichts davon. Und wir hatten uns zur Genüge mit eisernen Ketten versorgt, womit Verbrecher gebunden werden. Nun hatten einige der Sklaven, die wir bei uns hatten, die Blattern bekommen. Da mussten wir Leute besorgen, welche sie auf Betten tragen sollten mit Rücksicht auf und Vorsicht für sie, damit sie nicht unter den Händen der Ungläubigen zu Grunde gehen sollten. Aber wir konnten von dem Dorfe, in das wir eingezogen, nur 77. mit Zwang 77. neun Mann besorgen, um diese Kranken zu tragen, und zwar von Dorf zu Dorf, indem wir sie sich nicht davon drücken liessen. Darauf banden wir den Schulzen des Dorfes mit eisernen (Ketten) und führten ihn wohlbewacht mit uns und entliessen ihn erst aus den Händen der Soldaten, wenn wir zu dem nächsten Dorf gekommen, und unsere ganzen Lasten ganz und heil angelangt waren und so weiter. Und wenn wir dies nicht gethan hätten, wären wir Hungers gestorben

---

[1]) lies وتقلّم

und ganz und gar durch die Hände der Ungläubigen dahingeschwunden.

Wenn kein ander Fahrzeug als die Waffen bleiben,
Hat der durch Not Gezwungene nur den Plan, es zu besteigen.

Und einmal hatten die Leute eines ihrer Dörfer sich durch Flucht drücken wollen. Da hatten wir ihren Weibern das Tragen befohlen und sie dazu gezwungen. Als sie aber unsere ernste Entschlossenheit merkten, kehrten sie besiegt und gezwungen zurück. Und nichts dergleichen[1]) kam auch nur einem von den Leuten in den Sinn, dass ihnen derartiges gegen Leute wie wir gelingen würde, auf Grund davon, dass, wenn sie zu unserer Vernichtung übereingekommen wären, der König nichts von der Kunde davon gemerkt hätte, weil er zu weit entfernt ist, um es zu sehen, und seine Vezire ihn, wo es auf Hören und Sehen ankommt, im Stich lassen. Drum kann es gar keinem Zweifel unterliegen, dass unsere glückliche Vollendung dieser Angelegenheiten und unser Sieg über sie nur ward zur Ehre des Islâm's und durch das Geheimnis dieses Imâm's, über dem, wie über seinem Onkel und seinen Vätern das Beste des Gebetes und Heiles sei.

Und in dieser Weise ging unser Marsch rund fünfundzwanzig Stationen fort; und nach ihrem Schluss war die Distanz dieses rebellischen Beauftragten zu Ende. Dann kam die Reihe an 78. den Dritten von ihnen. Und der begegnete mit dem Besten dessen, was notwendig war, und ehrte uns mit dem Vorzüglichsten dessen, was wir wünschten. Auch that er, was der König ihm befohlen hatte und mehr als das. Und er machte für uns das von dem Gewünschten, was uns nach dem Hafen Musawwa' bringen sollte, wegen der wasserlosen Wüste mitten zwischen Musawwa' und Debaroa; und zwar war sie ungefähr zehn Stationen lang für Karawanen. Nun hielten wir uns ungefähr 12 Tage im Gebiet von Debaroa auf, um das in Ordnung zu bringen, was wir von unsern Sachen brauchten, und für uns hinzuzufügen suchten, was durchaus nötig war an Ueberschuss über unsern Proviant. Und es war die Regel, nach der geschäftlich verfahren ward,

---
[1]) sc. mit Gewalt zu widerstehen.

dass die Karawanen von Debaroa nur mit Gelegenheit requirierter (Maultiere und Treiber),¹) welche mit dieser Wüste vertraut sind, reisten. Da wollte es das Unglück, dass, als wir nach Debaroa kamen, gerade sein Vorsteher, der Emir, abgesetzt war. Drum ward unsere Lage bedrängt und es zwang uns die Beengung der Dinge zu schleunigem Aufbruch ohne anderen Begleiter und Führer als Gott; der aber war uns Genüge und was für ein Beschützer!

Und es machte uns diese Prüfung erträglich, dass uns die Kunde geworden war, dass unser Herr, der Fürst der Gläubigen Elmutawakkil-'ala-'llàhi bereits einen expressen Boten an den Paša der Türken, den Gouverneur von Su'âkin, gesandt hatte, der sicheres Geleit für uns von ihm erlangen sollte. Und er hatte ihm befohlen, im Hafen Musawwa' zu bleiben, bis wir zu ihm kämen. Da beeilten wir die Abreise, als uns dies kund ward, und wir priesen Gott, welcher uns diese Wege leicht gemacht hatte.

Erwähnung dessen, was uns an Feindschaft von Seiten der christlichen Beduinen passierte, welche am Wege nach Musawwa' (sich befanden.)

Als wir nun mitten in dieser Wüste waren, kam uns zu Ohren, dass eine Schar von Bösewichten, die zu den christlichen Beduinen gehörten, an der Seite des Weges sich vereinigt hätte 79. mit der Absicht, uns Schwierigkeiten zu bereiten. Und sie hatten sich in der That alles gegen uns erlaubt, als ihnen unsere Isoliertheit kund geworden war. Da hatten wir einen des Weges Kundigen zum Statthalter des Paša's in Musawwa' gesandt und ihm geschrieben, indem wir ihm mitteilten, was uns an Kunde über diese Beduinen zu Ohren gekommen war, und was sie an Ungerechtigkeit beabsichtigten und an Entschluss, uns anzugreifen und die Hände (nach uns) auszustrecken. Und nachdem wir diesen Gesandten hatten an ihn gelangen lassen, warteten wir nicht die Rückkehr der Antwort an diesem Platze ab, weil wir sahen, dass das Verweilen an ihm gefährlich sei, sondern wir mussten notgedrungen abreisen und uns auf Gott ver-

¹) oder besser: mit einem Geleite von Saḥart (-Leuten), die an diese Wüste angrenzten?

lassen. Aber als wir zu jenem Platze gekommen waren, wo
sie, wie wir schon gehört hatten, auf uns harrten, da sahen
wir die Leute in grosser Masse versammelt rings um eine
mächtige Feuerstätte[1]). Nun hatten wir schon einen Mann
an sie gesandt, der zu unsern Geleitern von den Abessiniern
gehörte, um sie mit Worten zu überlisten[2]) und mit Redens-
arten zu besänftigen und sie auf etwas von den Gütern be-
gehrlich zu machen und ihnen zu sagen, dass uns eine Schar
von ihren Grossen zu dem Platze geleiten sollten, wo wir
diese Nacht absteigen wollten. Und zwar war der nahe bei
der Feuerstätte, wo sie waren, indem sie wussten, dass wir
ihnen nicht entkommen könnten, indem wir zu ihm hinzogen.
Unsere Absicht dabei war nämlich, sie durch Worte begierig
zu machen und Aufschub durch die Unterhaltung mit ihnen
zu erlangen, bis die Antwort vom Emir von Musawwa' zu
uns zurückkäme. Da machte er mit dieser Rede Eindruck
auf sie und hätte den Knoten bei ihnen aufgelöst, den sie
fest geschlungen hatten, und das Feuer ihrer Flamme gelöscht,
die sie entzündet hatten, wenn nicht etwas von einem unserer
Geführten passiert wäre, was sie aufregte und ihren Zorn
erregte. Da kehrten sie zu dem zurück, was sie an Feind-
80. schaft beschlossen hatten. 80. und beharrten darauf, dem zu
folgen, was ihnen Satan eingegeben hatte. Da liessen
sie uns, bis wir uns ein wenig von ihnen entfernt hatten.
Drauf schrie ihr Schreier, und sie stürzten sich auf uns von
rechts und links. Und wir sahen nach dem, was rings um
uns an Bergen war; siehe da strömten sie über von Männern.
Da war unsere grösste Sorge, die Sklaven zu bewachen,
aus Furcht, dass sie die gefangen fortführten, welche unserer
Religion angehörten. Aber als uns die ersten von ihnen
erreichten, drohend und im Wettlauf, gleich als wenn sie
blutgierige Löwen wären, da warfen sie mit den Lanzen in
ihren Händen und stiessen mit ihnen Stösse, welche die
Grenze ihrer Feindseligkeit überschritten [3]). Da trafen sie

[1]) geraten!

[2]) lies يخادعهم

[3]) lies تَعَدًّا

einen unserer Männer, und auf ein Pferd von unseren Reitern
fielen zwei Lanzen. Nun schossen die Flinten auf sie; und
in ihren Händen waren breite Schilde, welche ihre ganzen
Körper deckten; und sie glaubten, dass die von ihnen die
Flintenschüsse abhalten würden. Da traf ein Schuss einen
von ihnen und durchbrach seinen Schild und drang ihm in
die linke Seite, so dass sie ihn durchbohrte. Und er hatte
ihn auf seiner Seite zu Boden geworfen und in ihm eine
schreckliche Spur hinterlassen, welche sie erschreckte und in
Furcht setzte. Da war ihr Angriff gebrochen und ihr An-
prall zurückgeschlagen; und sie entfernten sich von uns,
während wir auf einen hohen Hügel flohen und auf ihm unser
Gepäck sammelten. Darauf befahlen wir den Soldaten, dass
sie mit den Flinten an dem Rande dieses Hügels stehen
bleiben sollten, indem sie uns schon von allen Seiten umgeben hatten. Aber Gott hatte ihre Herzen mit Furcht erfüllt,
und ihre Sache war mit Misserfolg und Enttäuschung aus-
gegangen. Da wagten sie nicht uns anzugreifen und zu uns
zu kommen, auch nicht, 81. als sie schon fünfhundert Mann 81.
oder mehr als das stark geworden, abgesehen von denen,
welche nach diesem Tage zu ihnen stiessen; denn sie wurden
zu einem grossen Heere und einer mächtigen Zahl. Da
sandten wir zu ihnen diesen Mann, welchen wir das erste
Mal zu ihnen gesandt hatten, und wir sagten ihm: „Unter-
richte dich, was sie von uns wollen. Sind es Güter, dann
sage, unseretwegen, was du willst, und schenke ihnen, was
du für gut findest; ist's aber das Leben, dann teile ihnen
von uns aus mit, dass der Tod nicht leicht ist und dass
derer, welche (dabei) von ihnen zu Grunde gehen dürften,
eine grosse Zahl sein würde." Da ward zwischen uns und
ihnen vereinbart, dass sie von uns einen Schwur und wir
ebenso von ihren Grossen Sicherheit annehmen und Ein-
stellung der Feindseligkeit, und dass wir darnach mit ihnen
zu ihrem Gebiete zurückkehren sollten, da wir es nämlich
schon um circa eine Meile überschritten hatten, und dann
eine Einigung dort betreffs der Uebergabe einiger der Güter
stattfinden sollte. Da kehrten wir mit ihnen zu ihrem Gebiete
zurück, obwohl wir dabei ihrem Schwur misstrauten. Denn

Gott sagt ja über ihres Gleichen: „Siehe für sie existieren keine Eidschwüre". Und wir übernachteten mit ihnen diese Nacht, und es kamen ihre Grossen zu uns und vertieften sich mit uns in Gespräche, bis Gott Morgen werden liess, indem wir ihnen Rede und Antwort standen und ankämpften gegen die Mühsal der Schlaftrunkenheit zugleich mit der Furcht vor Verrat ihrerseits. Denn sie hatten uns dabei von allen Seiten umgeben und Feuer in allen Richtungen angezündet. Aber als der Morgen des Tages war, der aus dieser Nacht hervorleuchtet, kehrte die Antwort des Emirs von Musawwa' zurück; und die Soldaten, 82. cica 100 Mann mit 50 Flinten, waren herausgegangen. Und als der Bote mit der Antwort gekommen war und berichtet hatte, dass das Heer von Seiten der Türken schon hinter ihnen her ausgerückt sei, da hatte Gott ihre Vereinigung gesprengt und ihre Versammlung gespalten und von uns ihre List und Verstellung abgewehrt. Und dies war Trost nach Leiden. Gott sei Preis, der uns wohlbehalten vor ihrer List gerettet hat und uns befreit hat von den gewaltthätigen Leuten.

Erwähnung einer Ehrung unseres Imâm's, Gebete Gottes über ihm.

Als wir darnach von ihnen fortgegangen waren, während sie noch in dieser Vereinigung zusammen waren und ganz die Seiten dieser Plätze bedeckten, sandte Gott ein Heer ihrer Feinde über sie, und es umfasste sie die Züchtigung von vorn und hinten, und sie kämpften erbittert mit einander. Da traf die Niederlage auf diese, die uns vergewaltigen wollten, und der Sieg über sie auf ihre Feinde, indem sie raubten ihre Güter und ihre Männer tödteten und ihre Frauen als Gefangene fortschleppten. Sahen wir diese doch selbst auf dem Markte des Hafens Musawwa', wie jene sie auf ihm kurz nach unserer Ankunft verkauften. Und diese Geschichte ist hier ruchbar geworden, und die Leute, die zu den Moslem in Musawwa' gehören, sagen, dass diese Sache unserem Imâm zu Ehren sich ereignet habe. Und es giebt darüber auch gar keinen Zweifel; denn sein Privilegium bei Gott ist grösser als dies; und vor wie vielen Abgründen und Fährlichkeiten hat Gott uns durch seinen Segen bewahrt!

Erwähnung unserer Begegnung mit dem Heer der Türken, das aus
Musawwa' ausgerückt war, um uns zu treffen, und unserer Ankunft daselbst.

Als wir darauf zu der Schar der Truppen angekommen
waren, die von Musawwa' gekommen waren, da fanden wir
den Gesandten des Imâms, den wir vorher erwähnt hatten,
wie er mit diesen Truppen herausgezogen war. Und er war
froh und erfreut durch unsere Ankunft und pries wiederholt
Gott deshalb. Nun wussten wir, dass 83. Gott, gelobt sei
er und gepriesen, uns gerettet hatte vor der Bosheit der Ungläubigen und der List der Nachstellenden; und Gott liess
uns in unsern Herzen ruhige Gemütlichkeit empfinden und
stärkte in ihnen an Stelle dessen, was sich darin an Verwirrung befand, würdige Ruhe. Und wir und alle Truppen
brachen zusammen in diesem Zustand auf, uns nach dem
Hafen Musawwa' dirigierend. So marschierten wir denn den
Rest dieses Tages und zogen um die Mitte des zweiten Tages
im Hafen Musawwa' ein. Da empfing uns der dortige Gouverneur in ehrenvollster Weise und machte glänzend, was
wir an Freundlichkeit wünschten, die da ein Anzeichen der
Bewahrung des Vertrages und der Art der Sicherheit ist. Und
wir hielten uns hier acht Tage auf, vorbereitend, was wir
für die Reise auf dem Meere brauchten.

Erwähnung unserer Fahrt auf dem Meere vom Hafen Musawwa' aus,
und was uns an grossen Schrecknissen zustiess.

Und nachdem diese Tage vorüber waren, fuhren wir auf
drei Fahrzeugen ab, unsern Curs nach dem Gestade von
Loḥajja nehmend. Da kamen wir zur Insel Dahlak und ver-
lebten dort circa vier Tage aus Mangel richtigen Windes.
Darnach aber wurde der Wind passend und gut und die
Schiffe fuhren los, direct die Breite des Meeres von der öst-
lichen nach der westlichen Seite durchschneidend. Und der
Capitän des Schiffes war entschlossen, Tag und Nacht zu
fahren, indem er sich nach den Sternen richten wollte, durch
welche man sich in den Finsternissen von Land und Meer
leiten lässt. So fuhren wir denn diesen Tag und die ihm
folgende Nacht und den zweiten Tag bis zur Zeit des Nach-
mittags. Darauf kamen über uns von vor uns von der Seite
Loḥajja's her dichte Wolken, und gleichzeitig damit erhob

sich der heftige Wind, der die aufeinanderprallenden Wogen
des Meeres aufregt. 84. Aber er blieb unaufhörlich in unserer
Nähe, und des Meeres Wogen prallten auf einander und es
wogten seine Seiten und Zwischenräume. Und der Himmel
regnete, was Gott wollte, dass er regnen sollte. So vereinte
sich der Schrecken des Regens mit dem dieses Windes, mit
dem wir schon in die grösste¹) Gefahr gerieten. Und die
Bemannung des Schiffes wetteiferte darin, es in Gang zu
halten, und sie prüften ihren Zustand, indem sie darauf harrten,
dass dies Elend baldigst aufhören würde. Aber es dauerte
dies lang für sie, bis ihre Kraft schwach ward und die Sache
schief zu gehen schien und das Ereignis sich ernster anliess.
Und die Zungen erhoben den Ruf zu Gott und flehten um
Fürbitte jeden, der einen Rechtsanspruch an ihn geltend
machen konnte, dass er von uns entferne diesen furchtbar-
sten Schrecken²). Und es währte für uns dieser Regen diese
Nacht sammt dem ihr folgenden Tag und der ihm wieder
folgenden Nacht; seine Dauer war also zwei Nächte und ein
Tag. Und es war bei uns an diesem Schiff ein kleines Bot·
da sank es im Meere nieder, als es sich mit Wasser angefüllt hatte; und es zog an dem Schiffe, da es an ihm angebunden
war. Und schon war der Capitän des Schiffes aus ihm in
dieses Bot gesprungen, ohne dass wir wussten, was er damit beabsichtigte; aber als das Bot versank, hielt sich der
Capitän an der Seite des Schiffes fest und schrie mit seiner
Stimme seinen Geführten zu, dass sie ihn retten sollten. Aber
keiner entsprach ihm wegen dessen, was an Schrecken sich
auf sie niedergelassen und sie getroffen hatte von diesem
Unglück, das ihnen die Bewegung lähmte und sie sprachlos
machte. Da sprang einer von unsern Gefährten zu diesem
Capitän und zog ihn herauf. Und schon drohte das Schiff
zu sinken, weil dieses Bot es niederzog. Da nahm dieser
Mann von unsern Gefährten 85. sein Schwert und hieb das
Seil des Botes durch. Und so ward es von dem Schiffe ge-
trennt und verschwand im Meere. Darauf befahl der Capi-

¹) lies أعظم

²) lies الهول

tän, die schweren Stücke von den Lasten, die im Schiffe waren, hinauszuwerfen; da warfen sie ins Meer, worauf ihre Hände fielen, bis sich Erleichterung zeigte. Dann machten wir uns entsetzt daran, um Hilfe zu flehen, und den Allerhöchsten um Hilfe zu bitten. Denn unser Zustand war zu einem solchen Grade gediehen, wie ihn nur der Herr der Macht und Herrlichkeit wissen konnte. Aber wir hörten nicht auf, Gott anzuflehen durch die Berufung auf Mohammed, seinen gesandten Propheten und auf unsern Imâm Elmutawakkil-'ala-'llâhi und die andern Mitglieder des Hauses des Propheten Gottes, bis dies Elend von uns entfernt ward. Aber wir hatten fest geglaubt, dass das Unglück eintreten würde und die Herzen hatten sich zusammengezogen, bis die Verzweiflung fast dauernd war.

Und was die andern beiden Schiffe betraf, so hatten die Wogen sie zu Inseln im Meer verschlagen und nicht aufgehört sie rechts und links herum zuführen, bis sie sich um vier Tage nach unserer Abfahrt verspäteten, ohne dass wir wussten, wo sie waren. Und es ging aus der Sachlage deutlich hervor, dass der Wind bei uns am stärksten war; denn wir waren ihnen um eine grosse Distanz vorangekommen, indem sie zwei kleine Schiffe waren. Kein Zweifel, dass sie für das, was uns davon erreichte, nicht stark genug gewesen wären; — gehörten sie ja doch nur zur Kategorie dieses Botes, das im Meere versunken war.

Erwähnung unseres Einlaufens im Hafen Lohajja.

Als nun Gott dies Elend beseitigt hatte, reisten wir darnach noch zwei volle Tage auf dem Meer und liefen dann in den Hafen von Lohajja ein, Gott preisend, da wir wussten, dass er uns mit seiner Gnade umfasst und sie uns geschenkt und seine Wohlthat auf uns ausgegossen und sie vollendet hatte. Drum sei Gott Preis 86. mit einem 86. Preise, dessen Spitze emporsteigt und nicht aufhört und sich ununterbrochen erneuert, bis unser Herr zufrieden ist; und wie? er ist ja der Mann dazu. Und keine Kraft und keine Macht existiert ausser bei Gott, dem Hohen, Grossen.

Als wir nun im Hafen Lohajja angekommen waren, beeilten wir uns, unserem Herrn dem Fürsten der Gläubigen,

Kunde zu geben. Da gereichte ihm dies zur grössten Freude und ehrenvollstem, guten Werke. Und es kehrte seine Antwort zu uns zurück, in sich enthaltend angenehme Einladungen, aussprechend das, was sein Sinn verborgen hatte von der Zärtlichkeit, durch die uns Gott gerettet hat von den grössten Unglücksfällen. Und wir begaben uns zu seiner erhabenen Majestät, indem uns die Hände der Sehnsucht fortzogen und die Nacken unserer Reittiere nach ihm ausgestreckt wurden, dem Besuch bei ihm den Vorzug gebend vor dem bei Frau und Kind, eilend, sein Gnadenleuchten zu geniessen, das Gott zu einer Ḳibla [1]) der Frommen gemacht hat, und das er glücklich gemacht hat durch Wohlfahrt und Erfolg. Da geschah unsere Ankunft bei ihm am vierten des ersten Rebi' im Jahre 1059, nach einundzwanzig [2]) Monaten, von dem Augenblick an, wo wir uns von ihm trennten, bis wir zu ihm zurückkamen.

Hin warf sie ihren Stab, und die Reise war damit beendet.
Wie wird der Reisende doch durch die Heimkehr getröstet!

Da erfreute er uns mit froher Botschaft, wie wir ihn mit solcher erfreuten, und ehrte uns mit dem vorzüglichsten, wodurch der abwesend gewesene bei seiner Rückkehr geehrt wird. Und er nahm uns auf mit dem an feinsinnigen Gnaden, wozu nichts hinzugefügt werden konnte, und mit dem, wozu er der Mann war, an Charaktereigenschaften, die mit sich führen die Tugenden zur Wohlthat. Und er ehrte aufs allerschönste diese Soldaten, welche uns begleitet hatten, und erwies ihnen an Wohlthaten der Gnade das beste, was Menschen erdenken und Zungen vorbringen können, und was bei Gott ein Glück für die Frommen ist, während Gottes Lohn für dergleichen sind „Paradiesesgärten, aus denen die (vier) Ströme hervorfliessen".

Und hier ist zu Ende geführt, was wir beabsichtigten, und unsere Ausführung abgeschlossen. Und Lob sei Gott, durch dessen Wohlthat die guten Handlungen vollendet und durch dessen Güte die Absichten erreicht werden. Und wir

---

[1]) Ort, zu dem man sich zum Gebet hinrichtet.
[2]) lies عشرين.

beten für unsern Propheten und seine Familie das beste der Gebete und sprechen über ihnen allen den Gruss von dem heutigen Tage bis zum Tage des Gerichts. Und wir bitten Gott den Erhabenen, um Verzeihung für die Sünden der Zunge und die Vergehen des Herzens für uns und unsere Kinder und all unsere Brüder, nämlich die gläubigen Männer und Frauen, die lebenden, wie die toten. Und es giebt keine Macht und keine Kraft ausser bei Gott dem Allerhöchsten.

Beendet ward seine (sc. dieses Buches) Abfassung am Vormittag des gesegneten Montags, am zehnten des geehrten Ša'bân, der zu den Monaten des Jahres Eintausend und sechzig gehört in der wohlbehüteten (Stadt) Kaukabân, die Gott, der Erhabene schütze.

---

¹) lies تتمّ